四川博物院 编

四川博物院

第一次全国可移动文物普查成果选编

文物出版社

图书在版编目（ＣＩＰ）数据

四川博物院第一次全国可移动文物普查成果选编 ／
四川博物院编. —— 北京 ：文物出版社，2015.12
ISBN 978-7-5010-4497-9

Ⅰ．①四… Ⅱ．①四… Ⅲ．①文物－普查－四川省－
图录 Ⅳ．①K873.71

中国版本图书馆CIP数据核字(2015)第312305号

四川博物院第一次全国可移动文物普查成果选编

四川博物院　编

责任编辑：孙漪娜

责任印制：张道奇

出版发行：文物出版社

社　　　址：北京市东直门内北小街2号楼

网　　　址：http://www.wenwu.com

邮　　　箱：web@wenwu.com

经　　　销：新华书店

制版印刷：北京图文天地制版印刷有限公司

开　　　本：889×1194　1/16

印　　　张：17

版　　　次：2015年12月第1版

印　　　次：2015年12月第1次印刷

书　　　号：ISBN 978-7-5010-4497-9

定　　　价：320.00元

第二次全国可移动文物普查成果选编

序

　　四川博物院是西南地区最大的地志性综合博物馆，建馆七十余年，历代文物工作者有幸代表国家行使对文物的保护、研究、管理职责，以保护文物、传承文脉为己任。

　　2012 年开始进行的第一次全国可移动文物普查，更让我们这一代文博从业者肩上多了一份沉甸甸的责任和神圣的使命。习近平总书记强调：系统梳理传统文化资源，让收藏在禁宫里的文物、陈列在广阔大地上的遗产、书写在古籍里的文字都活起来。这一精神给文物管理者的工作提出了更高的要求。第一次全国可移动文物普查正是一项让文物"活起来"的基础性工作，这次普查是开创性的，没有现成经验可循，今天我们迈出的这一步光荣而艰巨，它标志着我国文物事业向着更加规范化管理发展。

　　在普查过程中，我院普查人员对每一件馆藏文物进行文字信息登录、图像信息采集。为了让每一件文物都有一个专属的身份证，为了让更多的人认识文物的价值，享受到普查的成果，我们的普查员付出了艰辛的努力。

　　随着社会发展和文明进步，全民文物意识显著提升，对文物的认识也发生了新的变化。一方面，传统文物观念趋于完善，对文物内涵的挖掘不断深入，一些新的文物类型渐次涌现。另一方面，在人类历史发展过程中，优秀的历史文化遗产在不断减少，这也使得部分文物成为孤品，价值提高。

　　人们对文物价值的认识不是一次完成的，而是随着社会发展、人们科学文化水平的提高而不断深化的。此次可移动文物普查也是我们对馆藏文物价值的再认识过程。如在建馆之初征集后被评定为"资料"、甚至"参考资料"的藏品，在此次普查中都对其价值进行了重新认定；还有部分一级文物从未公开发表。为了真正做到家底清楚，我院对 26 万余件文物进行认真清理，完成了拍摄、信息数据采集、登录上报及网上审核工作，从而建立一个包括名称、年代、保存情况、尺寸、图像等文物信息的数据库。有了这些文物信息，我们就可以全方位地了解文物和多角度观察文物，减少提取实物的次数，降低因经常提取文物造成的危险，切实保护文物安全。同时，借助数字化技术，拓展博物馆社会服务功能，以多种手段提高展示水平，如建设数字化博物馆，扩大展览空间，延长展览时间，丰富展览内容，最大限度地向社会提供藏品服务信息，让广大观众足不出户就可以浏览所有文物，可以更好地服务社会。

　　在四川省文物局的领导和支持下，经过不到三年的时间，我院普查工作稳步推进，取得可喜成效。四川博物院将在 2015 年底全面完成馆藏文物数据采集工作。

　　虽然第一次全国可移动文物普查尚未落幕，作为珍贵文化遗产的管理者，我们已经迫不及待想将一部分未曾面世、价值曾被低估的珍品推荐给社会公众，让我们一起来重新认识它们。而本书只是普查工作成果的一小部分，在未来的工作中，我们将把这次普查成果运用到文物陈列展示、数字博物馆、文物保护修护中，使公众能更多地享受我们的工作成果，实现我们博物馆为观众服务、为社会服务的承诺。

四川博物院

第一次全国可移动文物普查成果选编

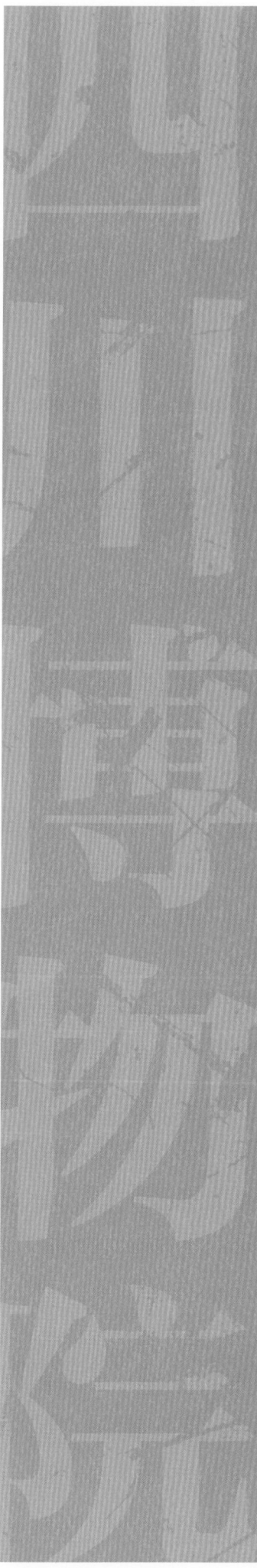

目录

柒 — 近现代文物

四川博物院

第一次全国可移动文物普查成果选编

四川博物院收藏的玉石、石刻类文物丰富多彩，有不同时代、不同地域、不同种类、不同内容的藏品共3470件（套），构成了一个庞大的石、玉、砖瓦类文物宝库。院藏玉石、石刻类文物上自新石器时代，下至近代，贯穿中国整个历史发展脉络。此次精选的24件（套）玉石、石刻类藏品包括1959年在重庆巫山大溪遗址出土的新石器时代玉璜、石环，1931年在四川省广汉县真武宫燕家院子出土的商代玉斧、玉圭、玉璧、玉牙璋，1982年在重庆涪陵黄溪乡出土的西汉玉璧以及清代玉扳指、东汉柱础、宋代玉璧、明代玉带钩、水晶球、清代翡翠佛珠等，均涵精蕴富，各具特色。

壹

玉石、石刻

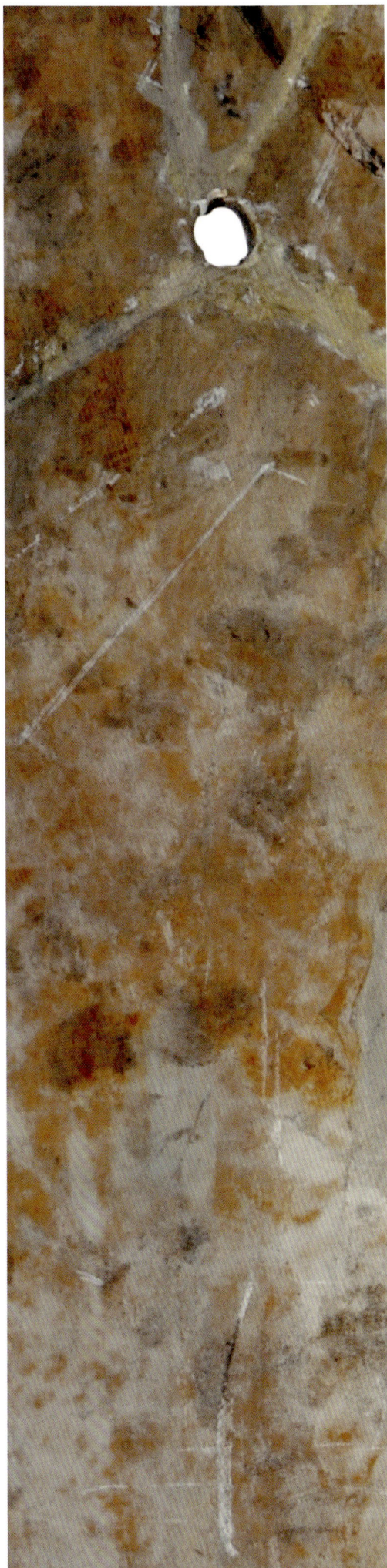

新石器时代玉璜（残）

两端距离 13.5、宽 5.2、厚 0.1 厘米

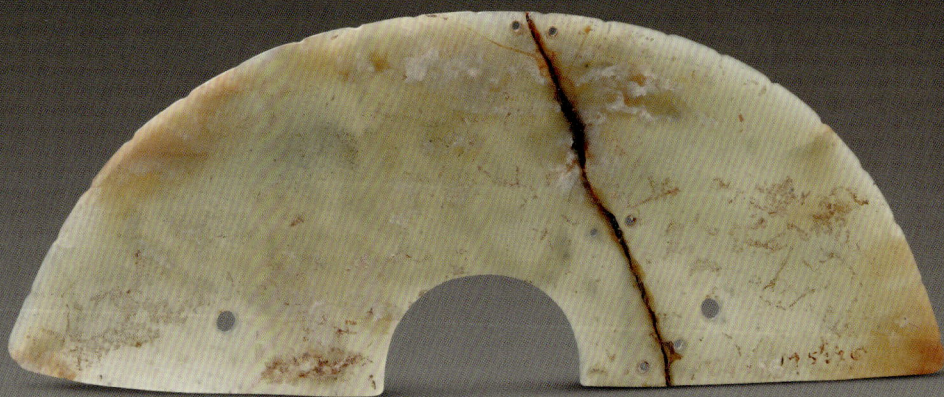

新石器时代石环

外径 10、厚 0.6 厘米

新石器时代石环饰

外径 3.4、厚 1.2 厘米

商玉斧

长 17.9、最宽 8.3、厚 1 厘米

商三孔玉斧

长 26、最宽 11.2、厚 1.2 厘米

商玉圭

长 27.1、最宽 10.1、厚 2 厘米

商有领玉璧

外径 11、厚 3.3 厘米

长 41、最宽 10.8、厚 0.5 厘米

商玉牙璋

西汉谷纹玉璧

外径 9.5、厚 0.3 厘米

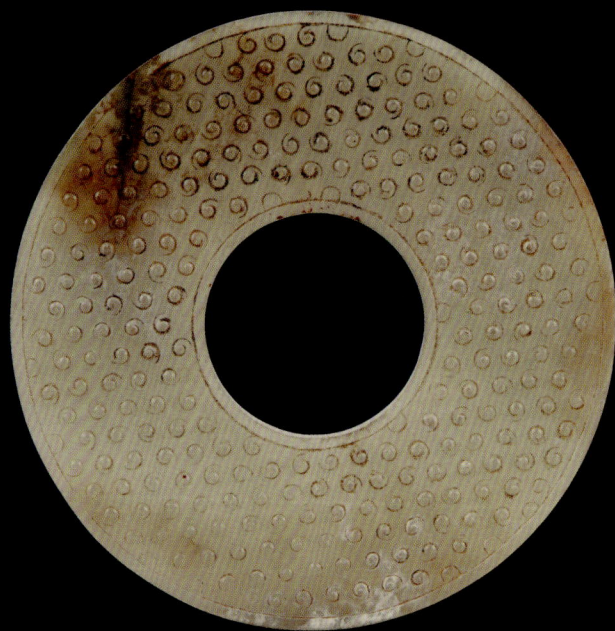

汉白玉扳指

外径 2.3 厘米

宋谷纹方形玉璧

长 7.1、宽 6.5、厚 0.7 厘米

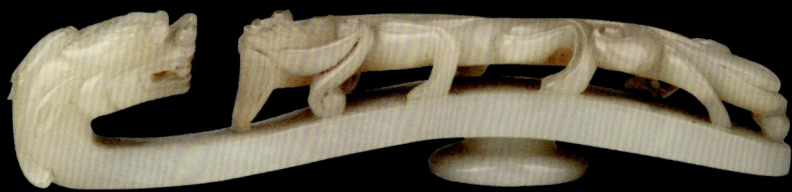

明龙首蟠螭纹白玉带钩

长 13.5、宽 2.5、高 2.7 厘米

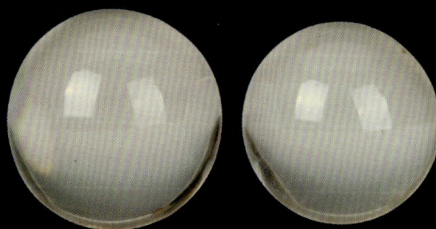

明万历水晶球

左：直径 6.8 厘米　右：直径 5.8 厘米

明龙首蟠螭纹水晶带钩

长 11.4、宽 2.5、高 3 厘米

清翡翠佛珠

珠子直径 1、周长 142 厘米

清金镶翡翠耳环

左：长5、宽2.2、厚0.1厘米

右：长5、宽2.5、厚0.1厘米

清翡翠豆角形佩

长 6.1、宽 2.7、厚 0.3 厘米

清翡翠扳指

外径 3.1、高 2.5 厘米

东汉玄武石插座

长 31、宽 29、高 18 厘米

东汉子母虎石柱础

长 42.5、宽 20.5、高 21.5 厘米

东汉迎谒前驱画像砖

长 55.6、宽 34.5、厚 6.8 厘米

东汉迎谒前驱画像砖

长 43.8、宽 26.3、厚 6.5 厘米

五代后蜀石经（残）

长 40、宽 21.5、厚 7 厘米

之野薄言駉者有驒有駱有駵
以車徑徑　思無斁　思馬斯作

思無期思馬斯才

之野薄言駉者有驈有皇有驪
以車徑徑　倉白雜毛曰騅　黃白曰皇　赤黃曰騂　倉騏曰騏　赤黃雜毛曰
駉赤黃曰騂　才材也　才多

之野薄言駉者有驒有駱有駵
駉駉牡馬　牡馬

無所及廣博　無竟也乃

馬斯戎　臧　僖公之臧思遵之思也
思馬斯臧　駉牡馬牡馬

地有水草宜畜牧　美　收人云之良善飲食也

馬有田馬有駑馬有駥馬

黑曰驪黃曰騜言作

四川博物院

第一次全国可移动文物普查成果选编

四川博物院收藏金属类藏品4947件（套），种类丰富，体系完整，且具有鲜明的巴蜀地域特色。藏品主要出土于彭县竹瓦街、新都马家乡、成都百花潭、重庆涪陵小田溪、成都羊子山等地，类别有兵器、饪食器、工具、乐器、铜镜等。这些藏品为研究巴蜀文化与历史提供了珍贵的实物资料，是研究中华历史形成与发展不可或缺的组成部分。此次入选的铜罍、铜镜、铜牺尊、铜马、银酒器等均具有很高的历史价值。

贰

金 属

商守乙铜爵

长径 15.5、短径 8、最高 18.8 厘米

商子**丁**单铜爵

长径 16、短径 7.8、最高 19.3 厘米

西周晚期 "善夫吉父" 兽面纹铜鬲

口径 17.3、高 12 厘米

西汉铜立马

最长 72、最高 58 厘米

西汉犀牛铜灯

最长 15、最高 9 厘米

西汉"心思美人"草叶纹铜镜

直径 18.1、厚 0.4 厘米

西汉错金银铜带钩

长 7.5、最宽 2.2、直径 1 厘米

西汉铜柄铁剑（残）

长 67.8、宽 6.5 厘米

隋 "洞心照胆知幽察微" 四神铜镜

直径 15.6、厚 0.7 厘米

唐瑞兽鸾鸟花卉纹铜镜

直径 15.6、厚 0.9 厘米

宋银执壶

口径 6.4、底径 10.8、高 35.2 厘米

四川博物院

第一次全国可移动文物普查成果选编

四川博物院共收藏陶瓷器9000余件（套），数量众多、种类齐全、体系完整，包括从新石器时代到清代的重要历史文化遗物。藏品不仅有日常生活用具，如罐、钵、碗、盘、杯等，还有大量的明器，如俑、房、鸡、狗、马、灶、仓、井、楼等。此次精选的22件（套）陶瓷器以各时期陶瓷明器和四川地方窑产品为主。

陶瓷

东汉陶楼

长 58.5、宽 35.4、高 59.4 厘米

五代后蜀陶生肖俑

高 38.7 厘米

宋陶院

长 41.5、宽 41.5、高 9 厘米

南宋陶双夫勒马俑

高 30 厘米

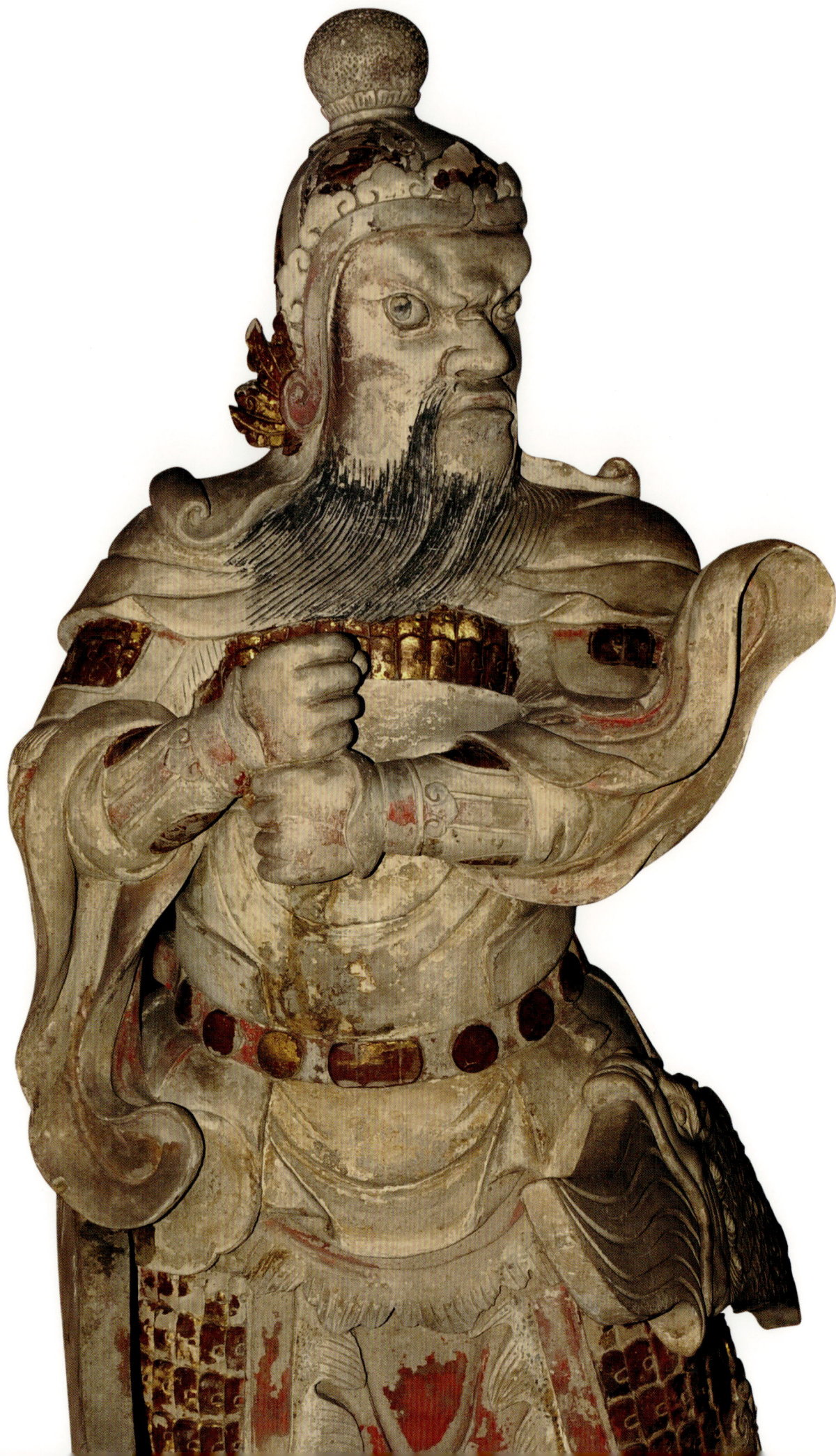

明陶武俑

高 84 厘米

明陶乐俑

高 31.3 厘米

明陶乐俑

高 30.7 厘米

明陶乐俑

高 30.4 厘米

明陶侍俑

高 31.7 厘米

明陶侍俑

高 32 厘米

明陶侍俑

高 31.7 厘米

明陶侍俑

高 33 厘米

唐玉堂窑青釉提梁带流瓷壶

口径 9.4、底径 7.2、高 16.5 厘米

宋黑釉瓷兔毫盏

口径 13.2、高 5.6 厘米

宋黑釉瓷兔毫盏

口径 13.2、高 5.9 厘米

南宋龙泉窑豆青瓷洗

口径 16.8、底径 8、高 4.5 厘米

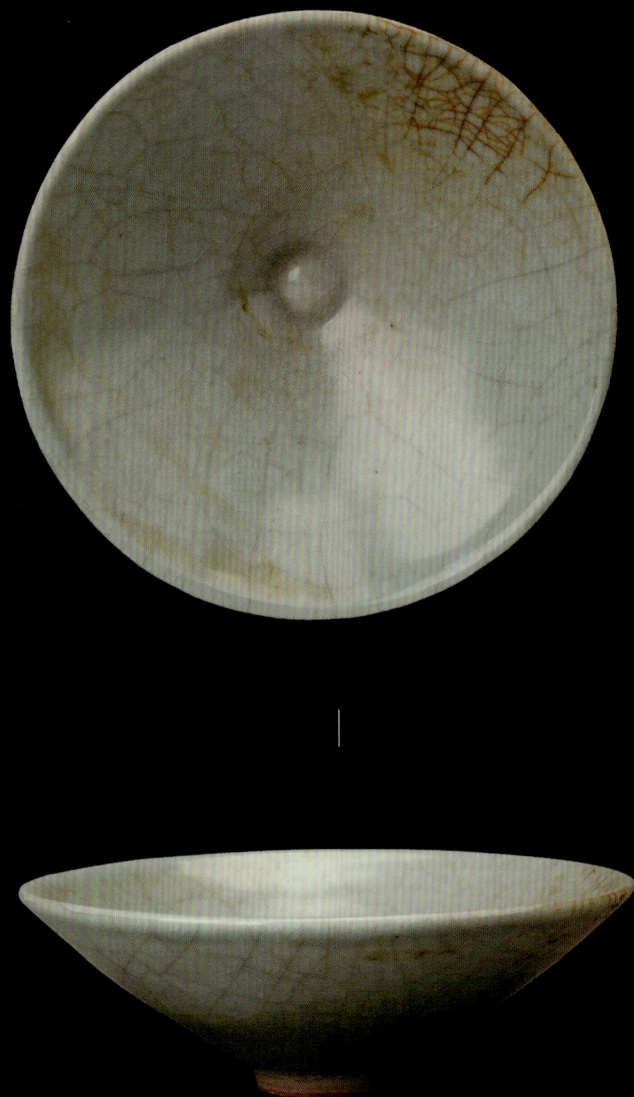

南宋龙泉窑粉青瓷斗笠碗

口径 15.3、底径 3.7、高 5.1 厘米

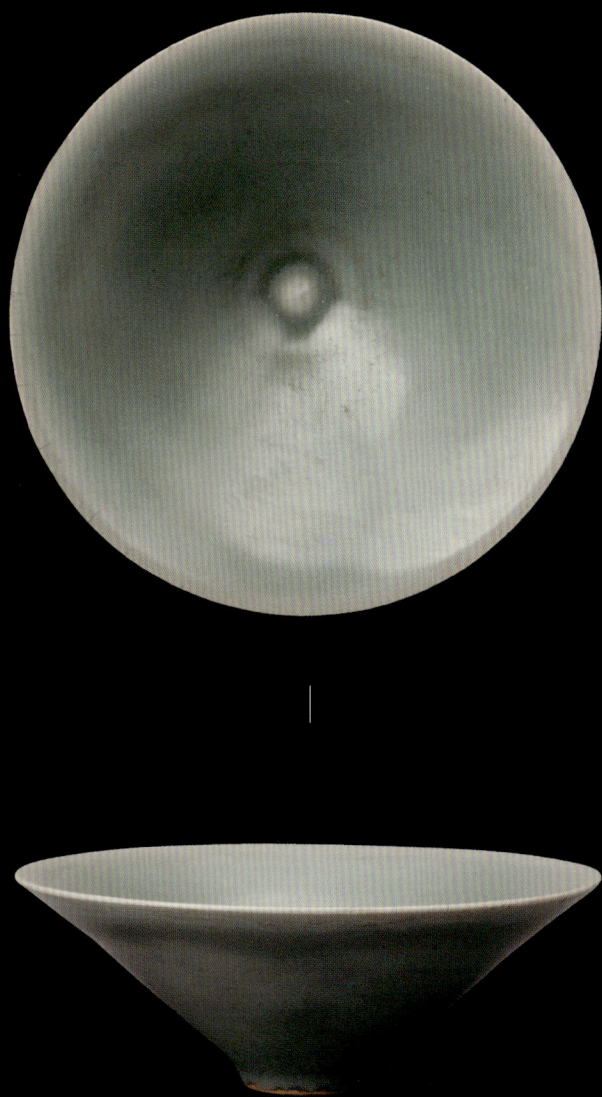

南宋龙泉窑梅子青瓷斗笠碗

口径 15、底径 3.4、高 5.1 厘米

明蓝釉瓷坛

口径 14.5、底径 14、高 35.2 厘米

明青花花鸟纹带盖瓷瓶（一对）

口径 8、底径 7.5、高 19.4 厘米

清乾隆青花回纹双耳带盖瓷豆

口径 9.6、底径 8.6、高 17.7 厘米

清宜兴寿珍款紫砂掇球壶

口径 8、底径 7、高 13.8 厘米

第一次全国可移动文物普查成果选编

四川博物院收藏的书画、碑帖有13000余件（套），年代跨度大，品种丰富，精品众多，在西南地区首屈一指，在全国也名列前茅。从时间上讲，书画类藏品包括唐宋至近现代许多著名书画家和佚名书画家的作品。四川博物院也收藏了丰富的金石碑帖拓本，它们是一个相当重要的历史文献体系，是巴蜀地区历史的见证物，对于研究本地区的历史、文化、宗教、民俗等皆有极其重要的作用。此次选择的62件书画、拓本，是我院所藏文物精品中的一部分。

书画、拓本

觀世音菩薩

南无大慈大悲 水月

施主妻張

宋佚名柳枝观音像轴

纵 80.4、横 50.2 厘米

宋建隆二年佚名水月观音像轴

纵 104、横 60.8 厘米

宋开宝二年佚名观音像轴

纵 94.4、横 56.5 厘米

明佚名道教神像图轴

纵 138.5、横 79.5 厘米

明佚名春溪浴禽图轴

纵 155.3、横 83.4 厘米

寒雨来 晚暂停出门喜晨 海山青云 子第年

方壮唐相兒孫鬢已 星菊尚有花當後遷松

皆撐 卉 立 前 庭 结实 三代 非 久 句 懵 騰 放

醒 真 一 通 文 上 交 孟 和 三 和 六 其 嗣 人 良 修 业 子 也 行 葉 孝 子 三

弘治五年 季 十 月 十 日

云 西 老 白 句 同 昌 雨 豆 东 稿 修 业 雨 嗽 诗 轻 云 端 七 十 一 翁 姚 绶

明姚绶行书七律诗轴

纵 116.5、横 36.5 厘米

明文徵明草书卷

纵 31.9、横 546.1 厘米

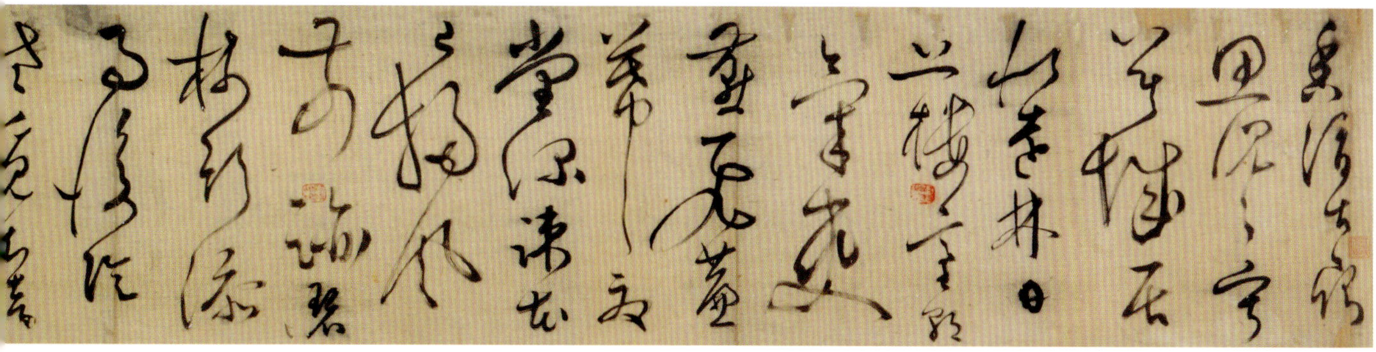

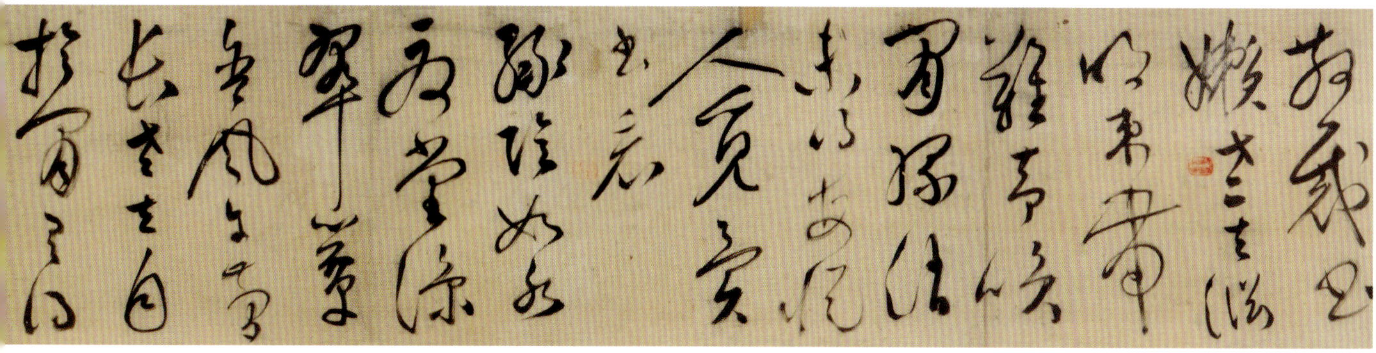

明文徵明隶书渔父词扇面

纵 19.5、横 53.3 厘米

頭避晚潮 水漸高停短駟輕橈楊柳灣 江奔欲上雨蕭 庭間露自在行 聯波明風不定重雨初晴日 四月新波拂鏡平奇天白日 撦鋃乃普湖上穠葦捲霉攤湖 欲朋且普漁苣湖

明文徵明行书扇面

纵 18.1、横 51.7 厘米

明陈淳松下独坐图扇面

纵 18.7、横 52.3 厘米

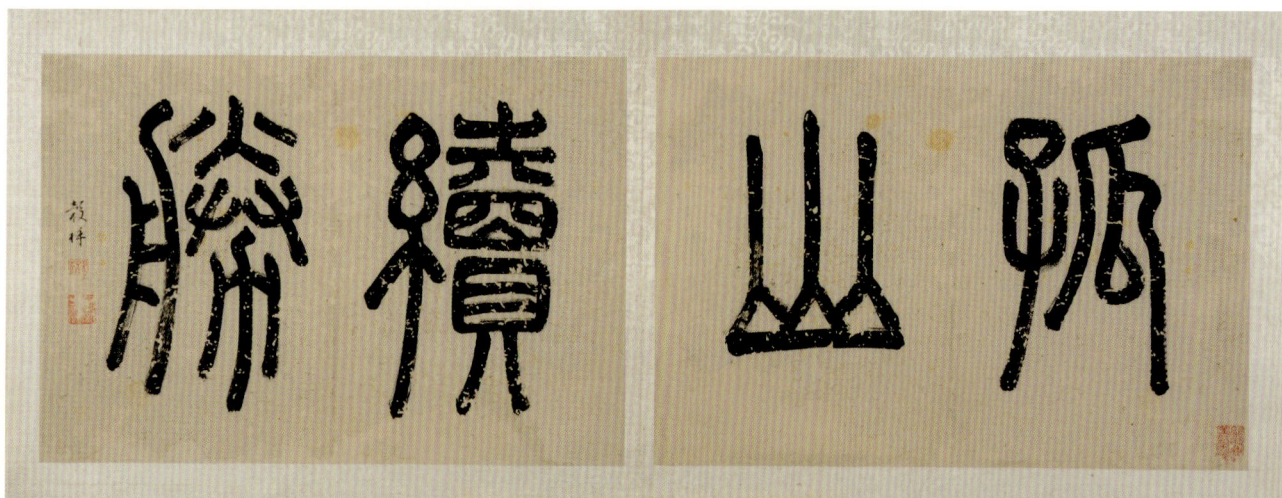

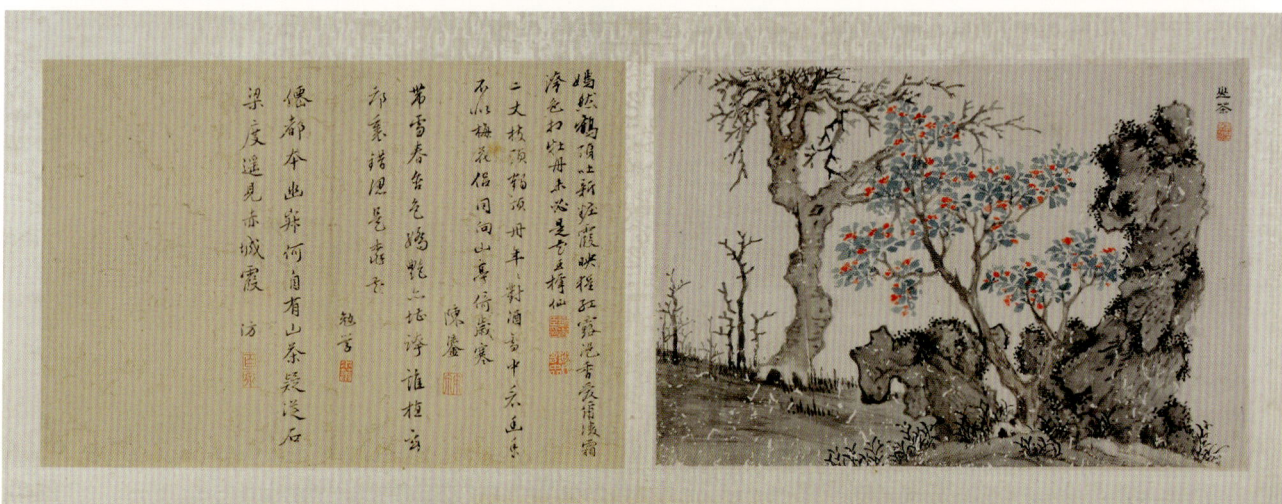

明谢时臣孤山十二景册

纵 29.6、横 44.3 厘米

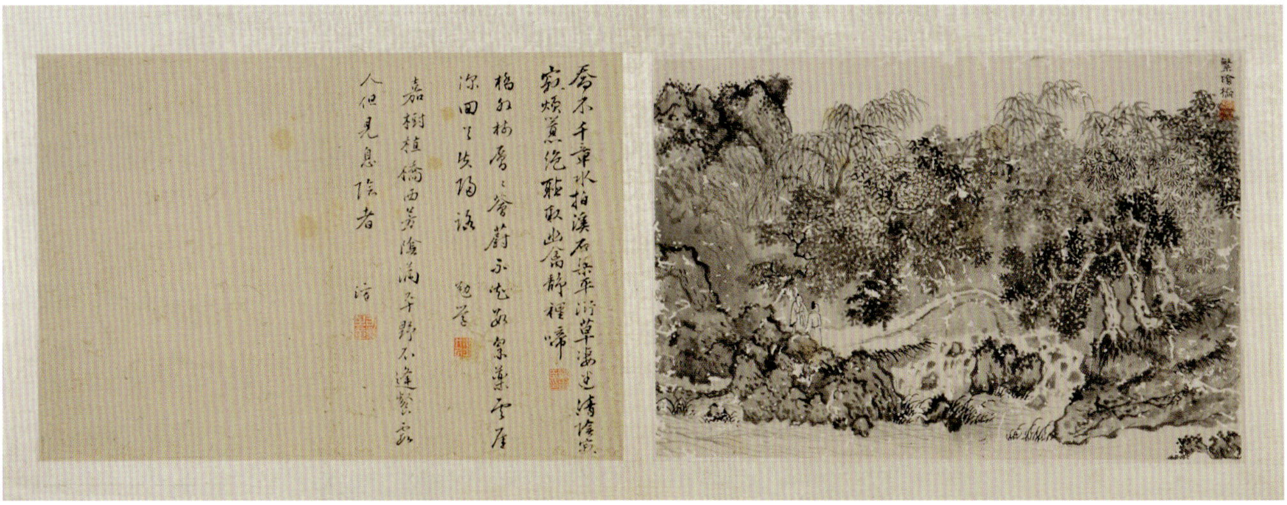

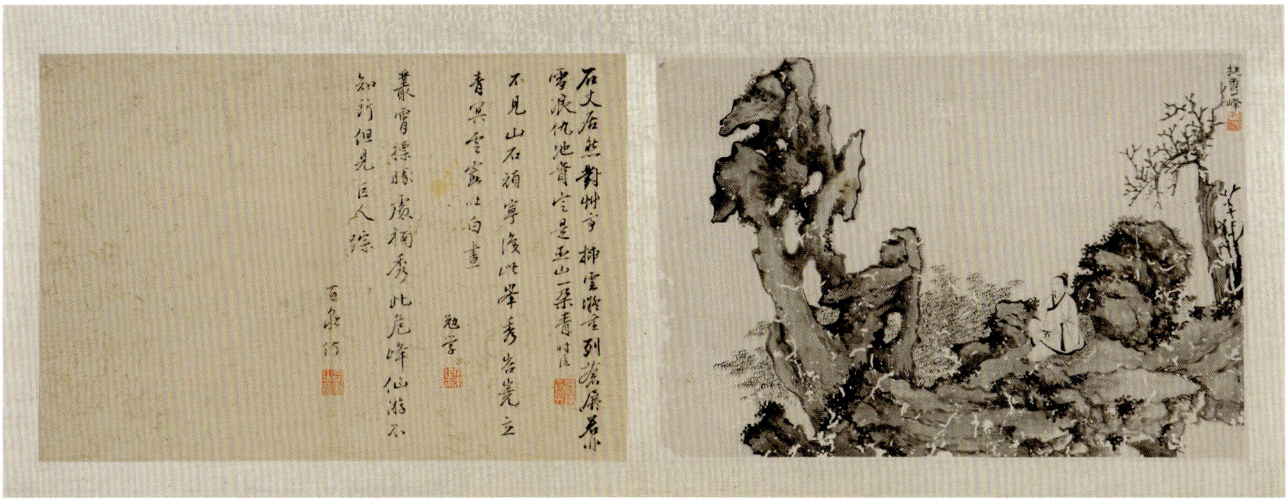

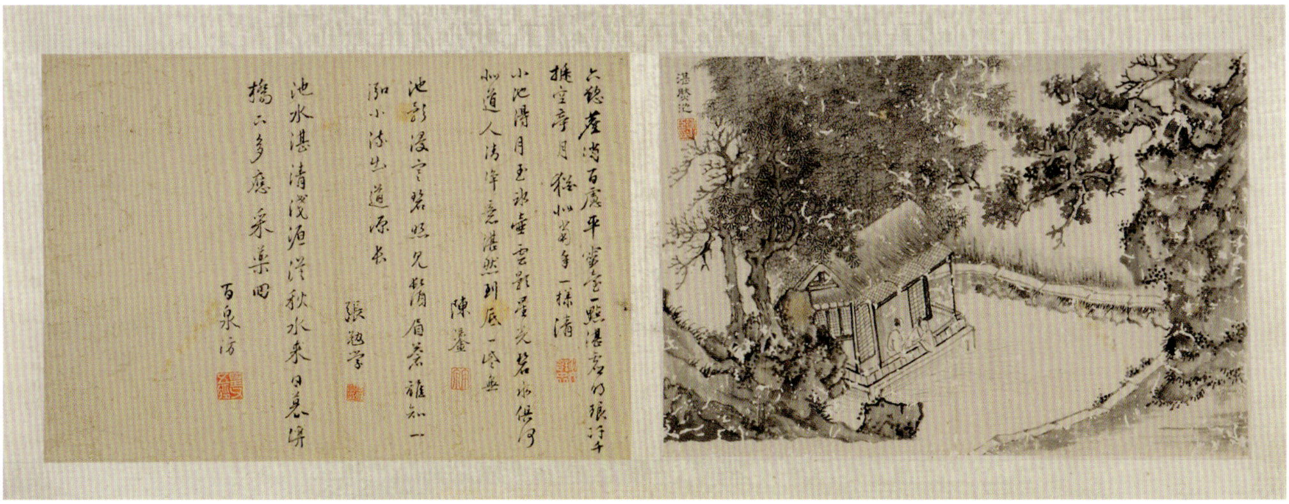

春不干事水拍溪石乘车衔草满连清得竟
寂燃莫但畦取出高静程帰
梧桐楊房各薇永远私家集云屋
深田了次陶诗
嘉树植檎西芳隂崗辛野不逢繁載
人但見原陰者
渟

石丈居然对州字拂云带雪列蓀庶若小
云泉仇池脊空是玉山一朵秀岩
不見山石狗宁後此峯秀岩芯立
青嵐云岚山白畫
勉学
叢嘗摽眼庶桐秀此庵峰仙遊石
知行但見巨人踪
百泉渟

六鹤庵诗百廈平常一點湛若分環行千
撲宝亭月稆如蜀争一株清
小池清月逃逃垂云郭星光若水�48
小道人访宁意潜然列庭一峯无
池影渟亭若照兄情眉荅谁知一
驷小涉出道原長
陳蓁
池水湛清淺泊泮秋水朱日春渟
橋六多应朵桌田
百泉渟

落木蕭蕭靜掩開野客半倚籬邊吟
只主應與境倒榮誰不負
軒前夕陽猶如生平下不誤窗
籬菊秋雲忝潇灑
張勉學

開軒面秋水東籬百川長坐遇
茱莊艾花然此堂洋
百泉沿

道人自下坐一經萬瑤缸
蒼雪隨風墮清風人
庚辰居人掌像梁影
義昌兰麈寒六蓬壺
宓春期色碧壇陰
水卷洗勉學

竹雪圖撒即庭寫
莊羽師寫

密葉青青幹理資栽培倚傍山房新
枝不尼年逢閏夏興香松戴
庵前敷玉柯枝養太當幽在為中
長狂人世瑤院勉學

萬木逢春浹此獨逸閨尾授長生訣
常愁年歲迫
司馬鄧沿

艾絅榻
董刻墨晴奉十炳歘之師住沈謝書寫

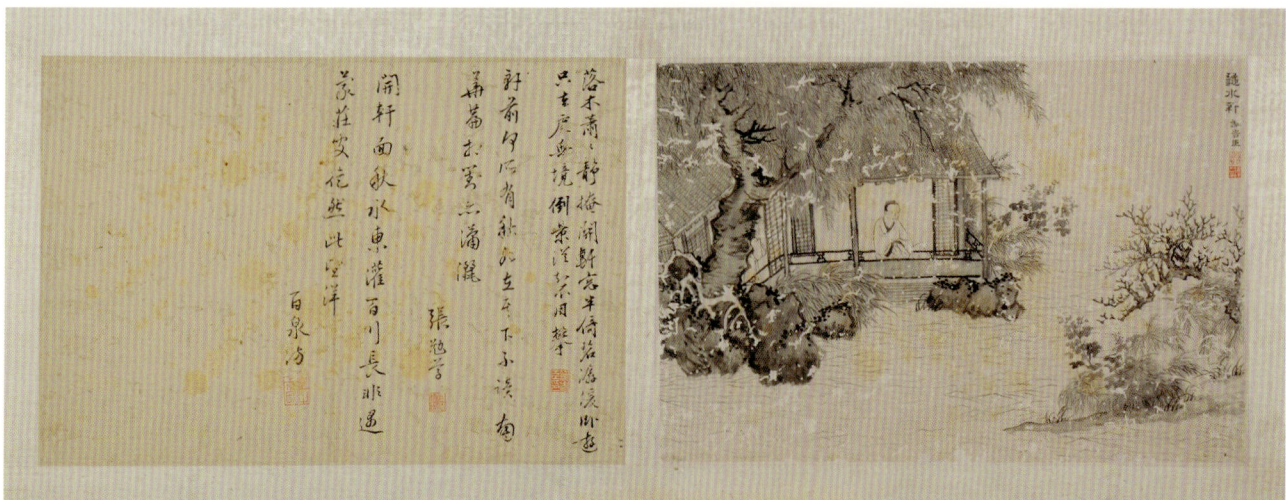
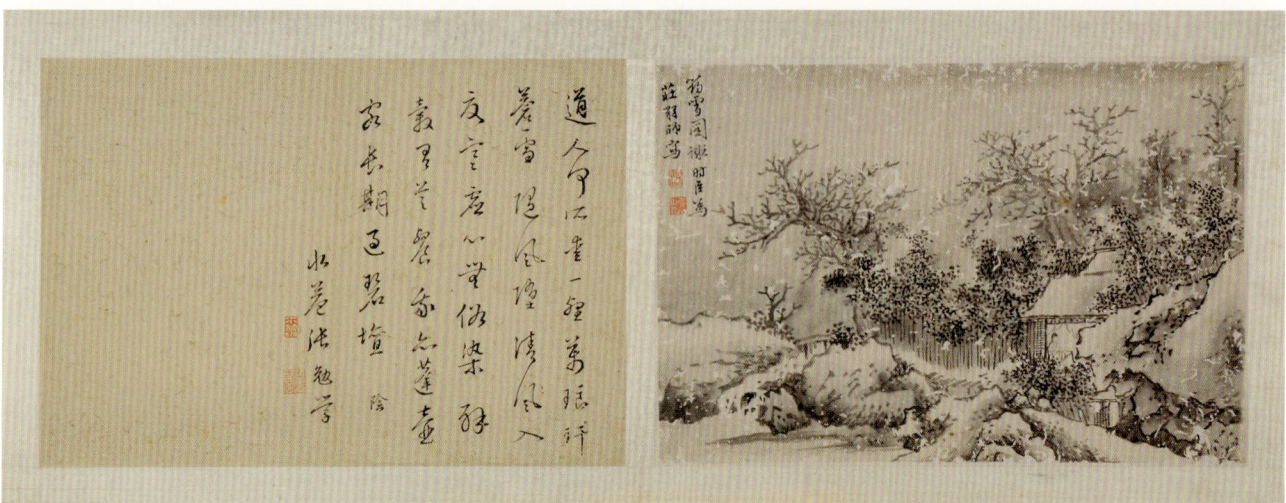
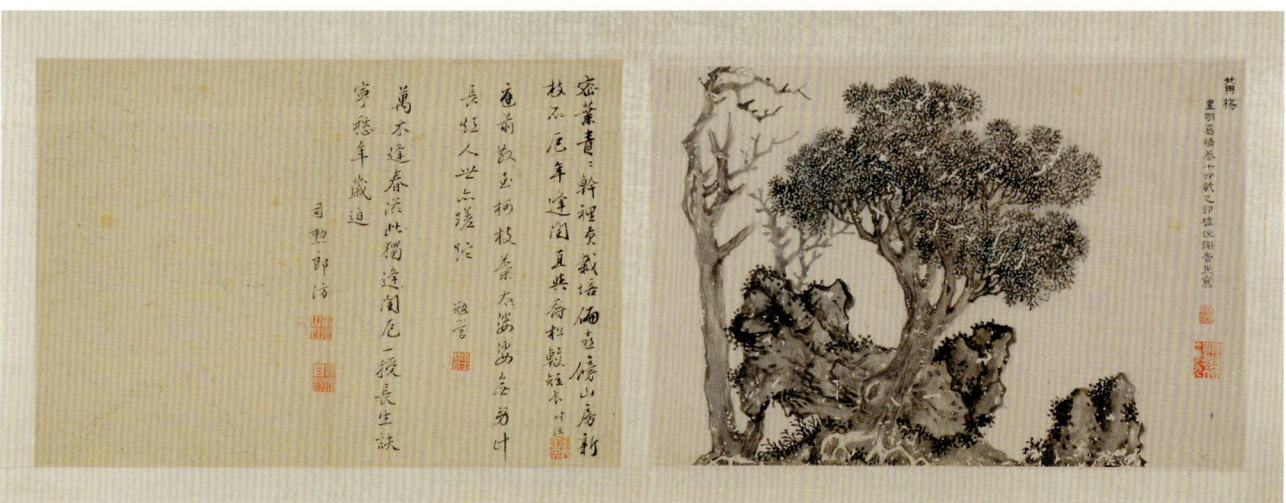

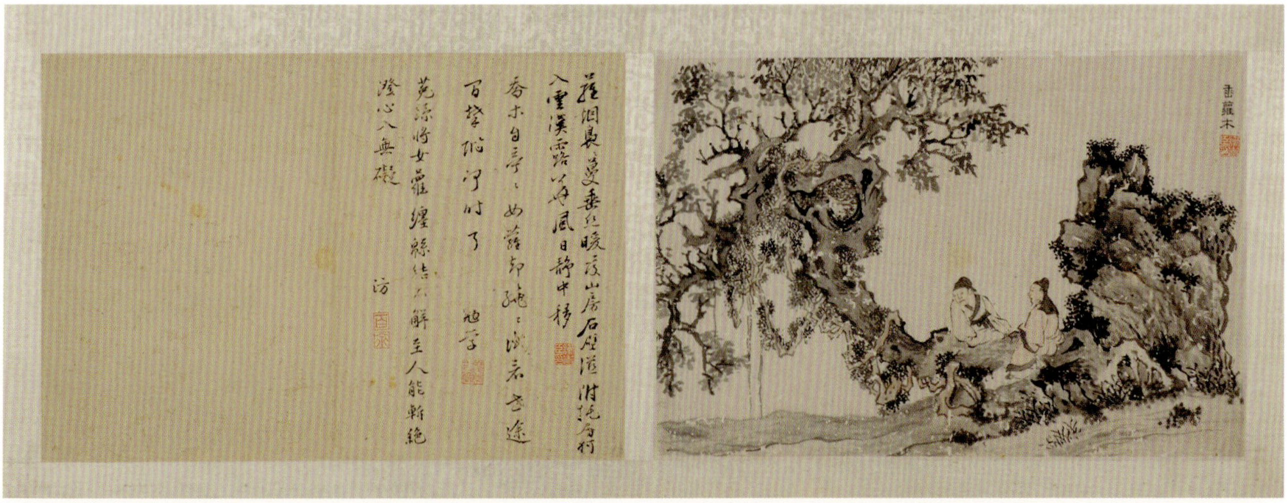

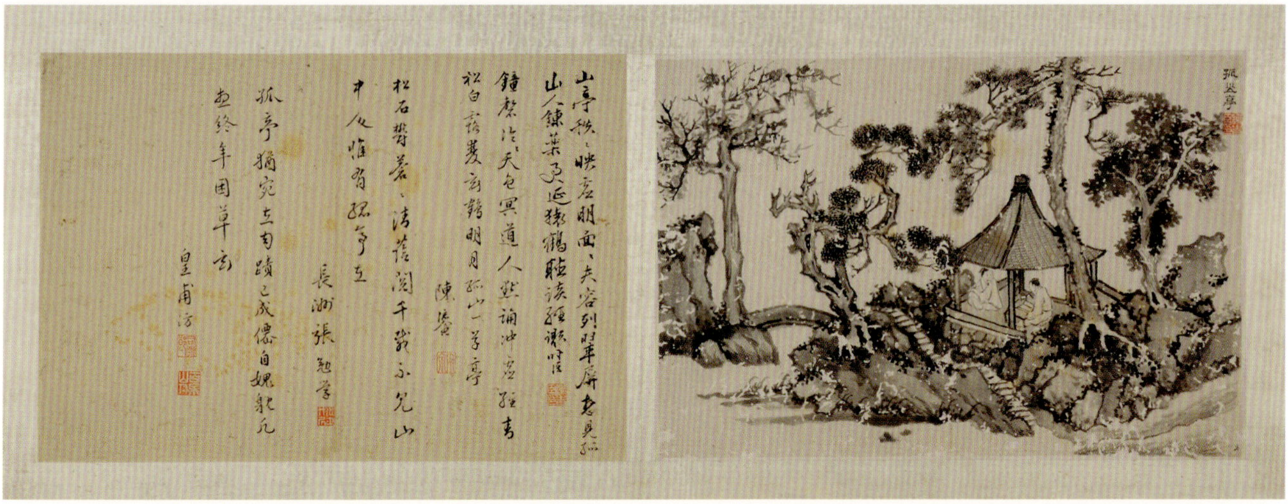

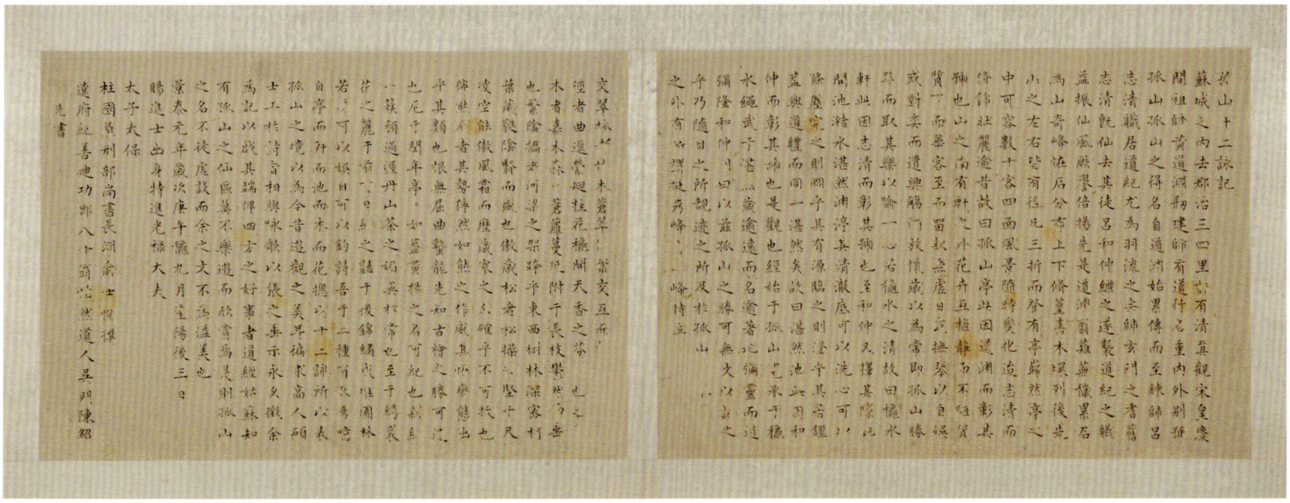

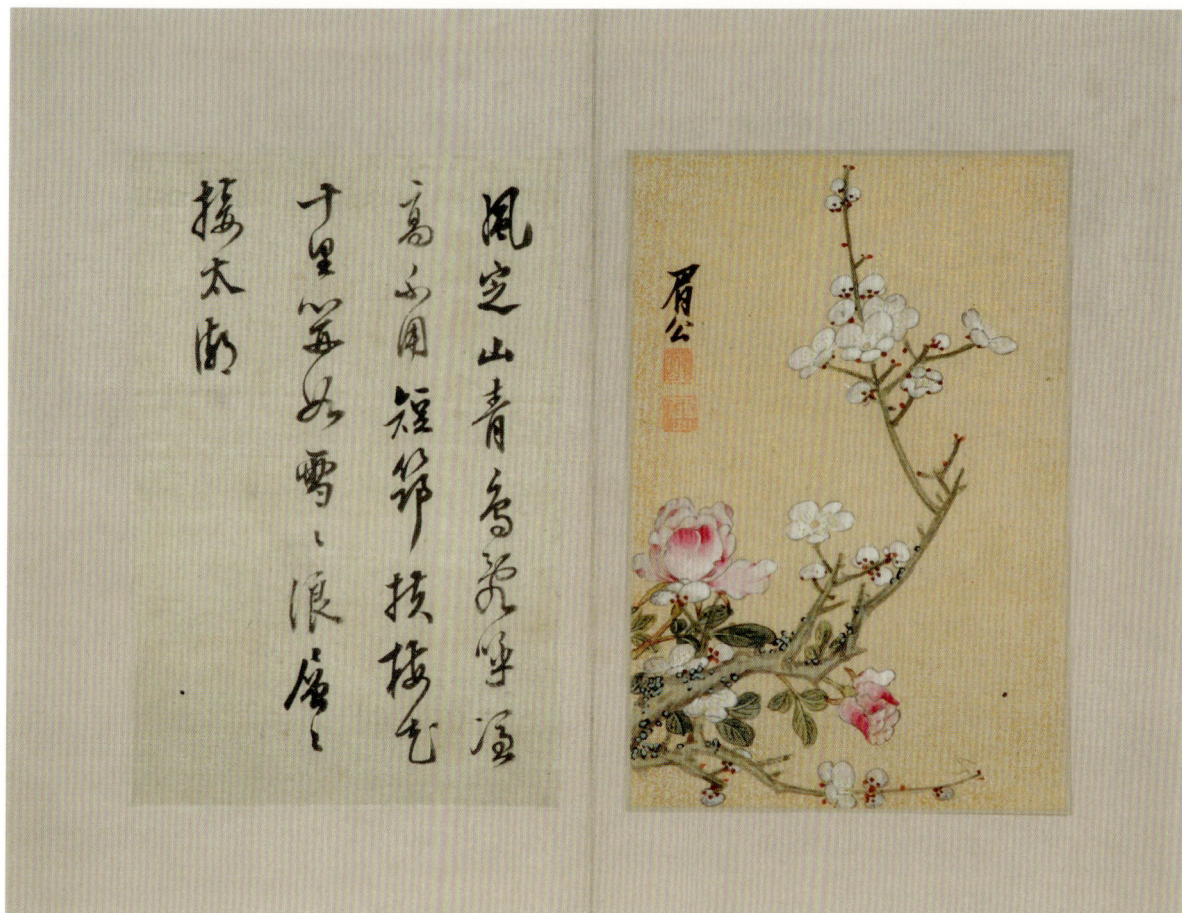

明陈继儒梅竹诗画图册

纵 22.9、横 15.4 厘米

遠見柏臺催題氣到
李順住翰羅祗催聲
壽發催白梅
水先

折日梅花揮任雲題
悵廖昏青春院東來
夢繁多經至一誇尋
梅子醒橋

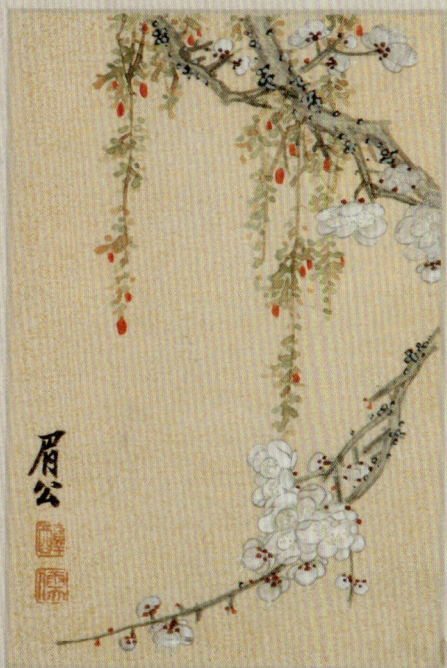

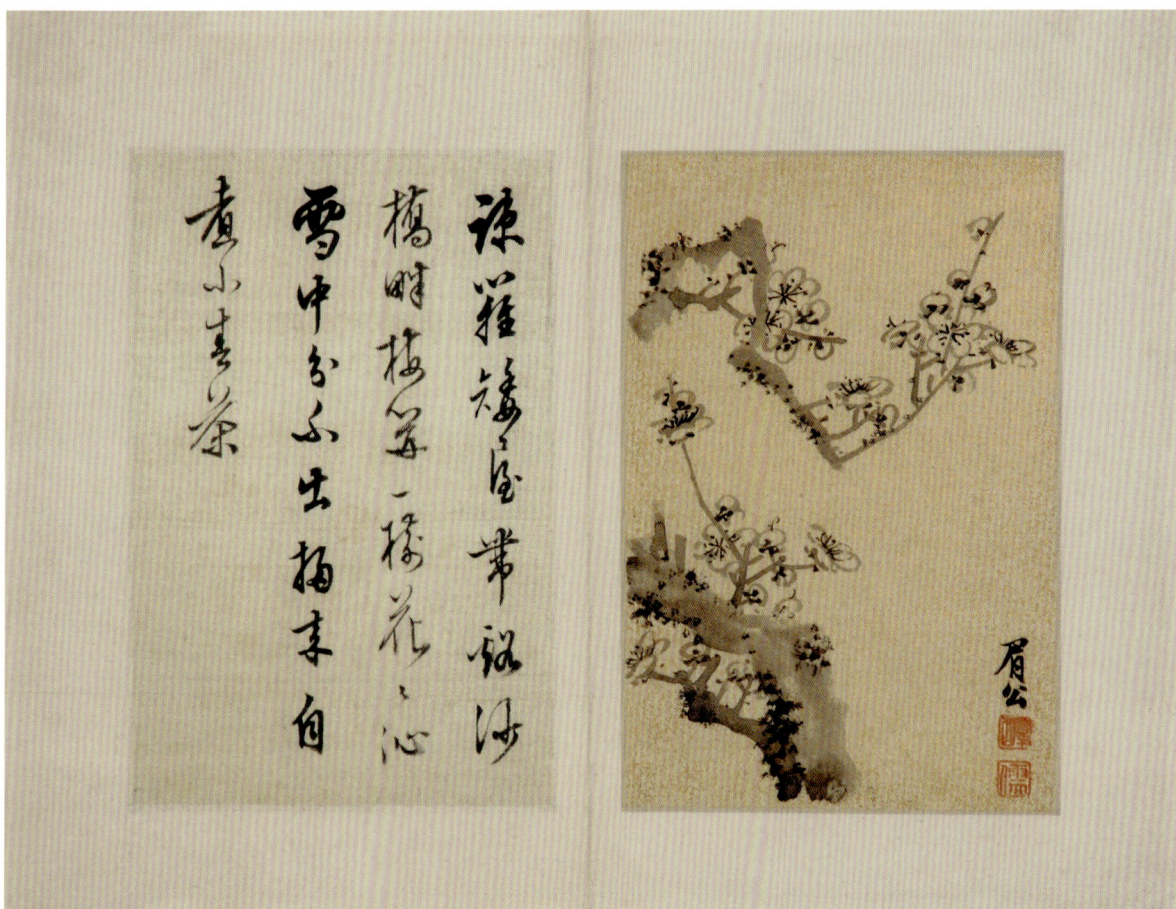

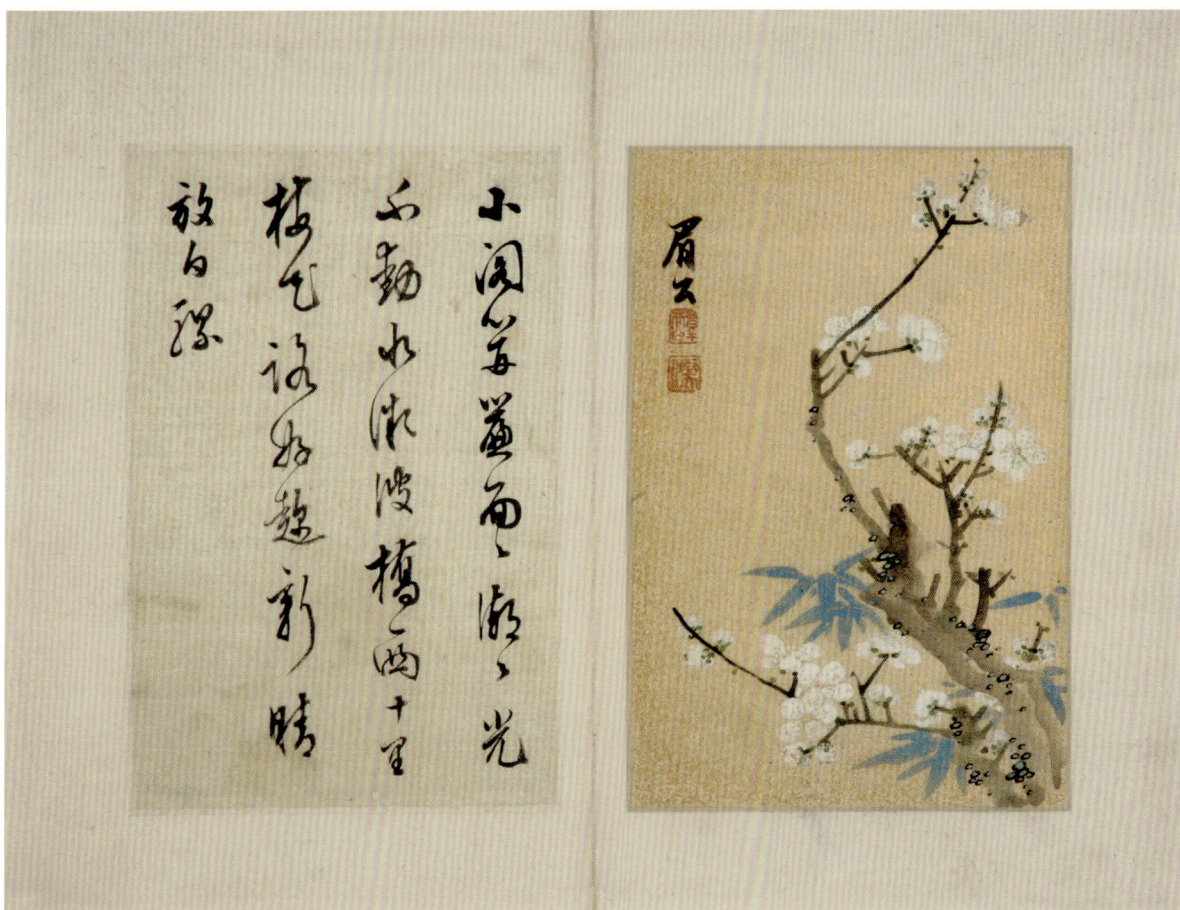

無雪種梅花
只有住山人種帖藏私
弱墨霜枝弄粉華
浮雲朋好寄天涯廿

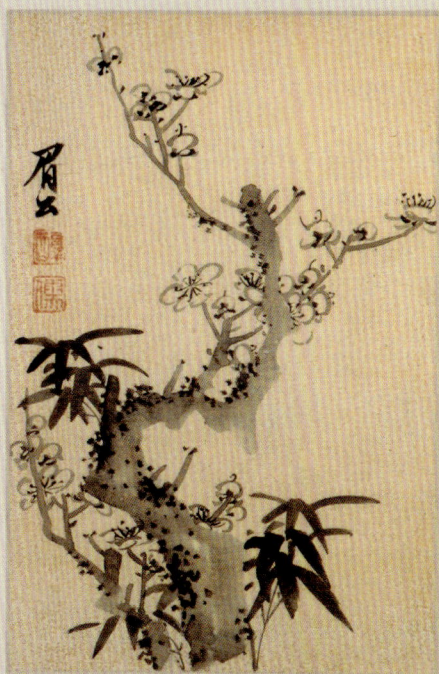

要雪痕書
梅花雲裡度芳菲難到
誠雲裡鵝講堂偶向
小邨楊柳已艷黄一

一蓬隨意唾山梁□□
香枝上小車□□向
人孤健骨畫□那
忍負梅花□
陳繼儒

眉公書畫為吾光所推重
此冊深□楊補之三昧九幅而
寶藏為清風涼□胡君月江所藏
崇禎元余誠田惆未果重冬
胡君招館□□不忘□人之忘傳
丑反張曲樵携□見示并道之
榮景之□余□□樂成人之美者
□□如□之歸之時□□中
歌後□□也

新□□□翁書□年□九十

陳眉公以布衣名重公卿間

5董文敏同鄉友善其人品

學問自足傾倒一時非挾藝

干時者比畫非所長閒寫梅

之比小幀橫斜數筆聊以適

意耳然再不必定其為楊補

之華光多以有士氣乃益貴

此胡君松石朗山兩昆季出眎

因識於陵嘉慶乙亥暮春之

初蕭堂錢樾觀時年七十有三

明恽向深山水阁图轴

纵 148、横 48 厘米

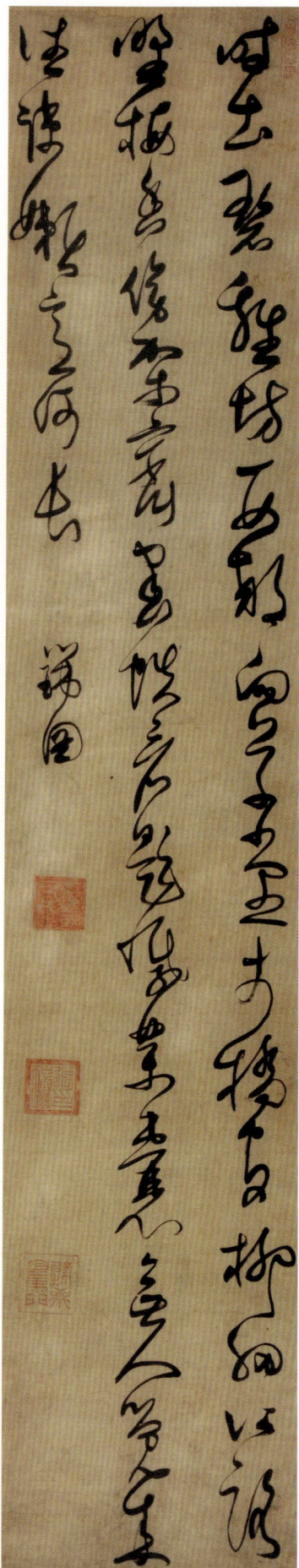

明张瑞图草书杜甫西郊诗轴

纵 198.4、横 38.4 厘米

明蓝瑛行书五律诗扇面

纵 16.8、横 51.6 厘米

明蓝瑛芙蓉秋禽图扇面

纵 16.2、横 52.3 厘米

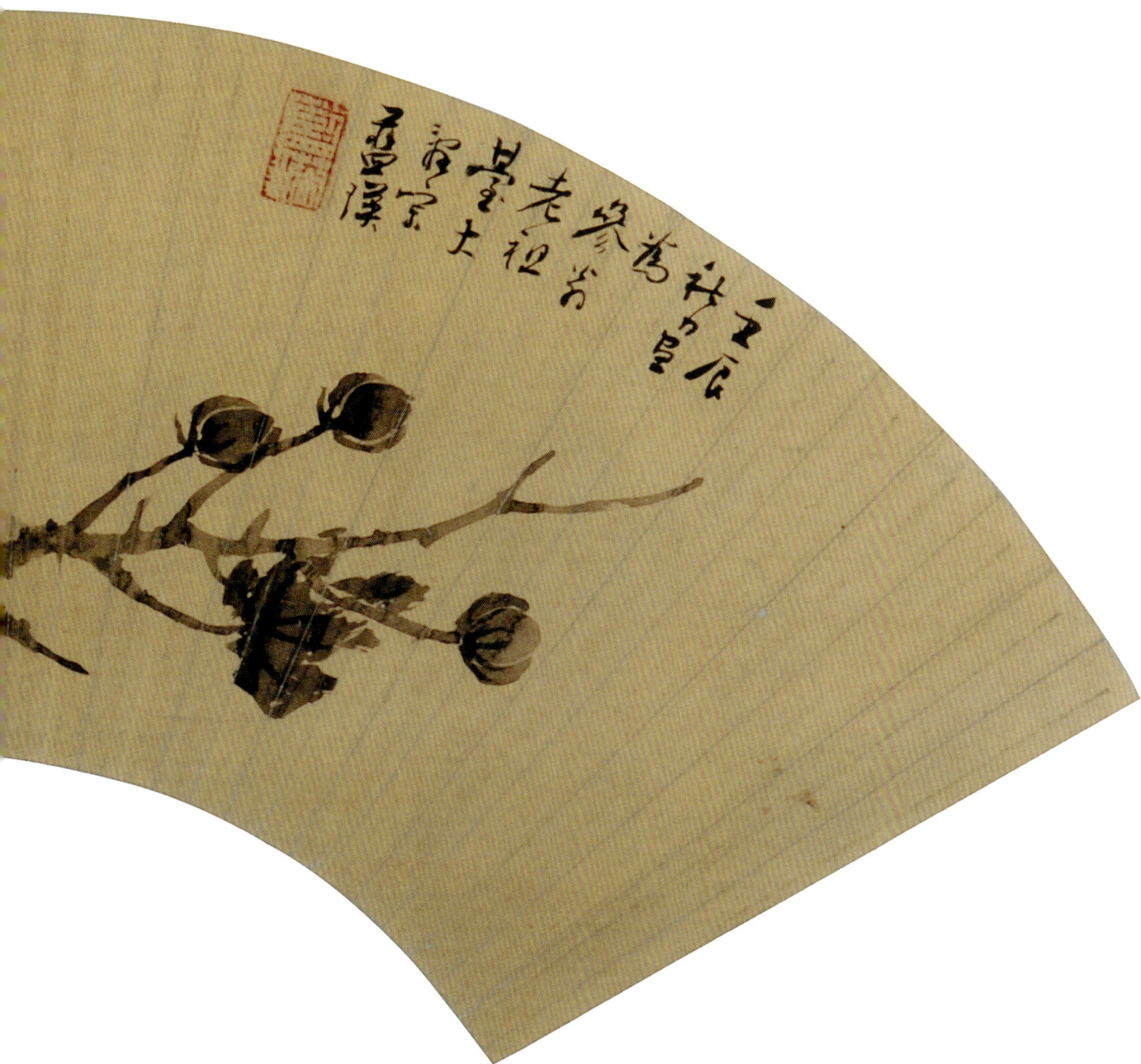

明蓝瑛墨笔画石扇面

纵 15.9、横 48.5 厘米

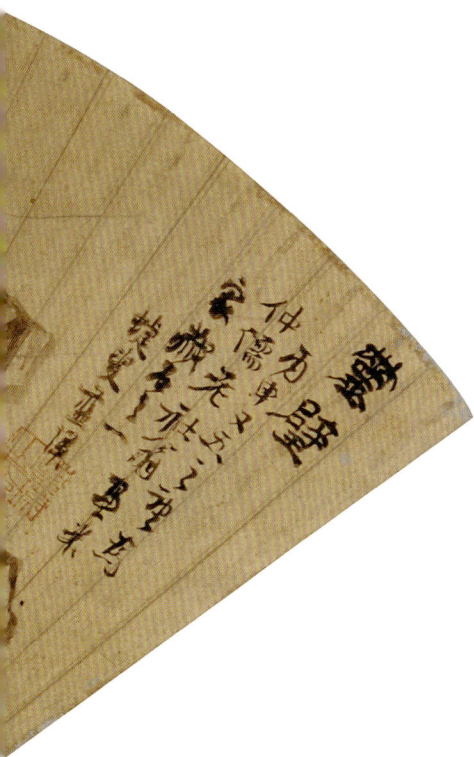

明蓝瑛石荷图轴

纵 145.5、横 64.3 厘米

既無浔魚亦何事
又喜綸堪笑釣名
客不如渔者真
易庵

明项圣谟山水人物图册

纵 30、横 48.8 厘米

老樵非不畏猛庙:
山中尚可交山外人
心多不測負薪歸路
聽咤哮　　易庵

棠積歲戊寅添徐度一日
朝雪飄二寫此寒思
　　易廣

绿堤霜叶鹜时
晚撑面秋山迷
雨来不信林泉
无逢客相逢濠
上画徘徊
项圣谟

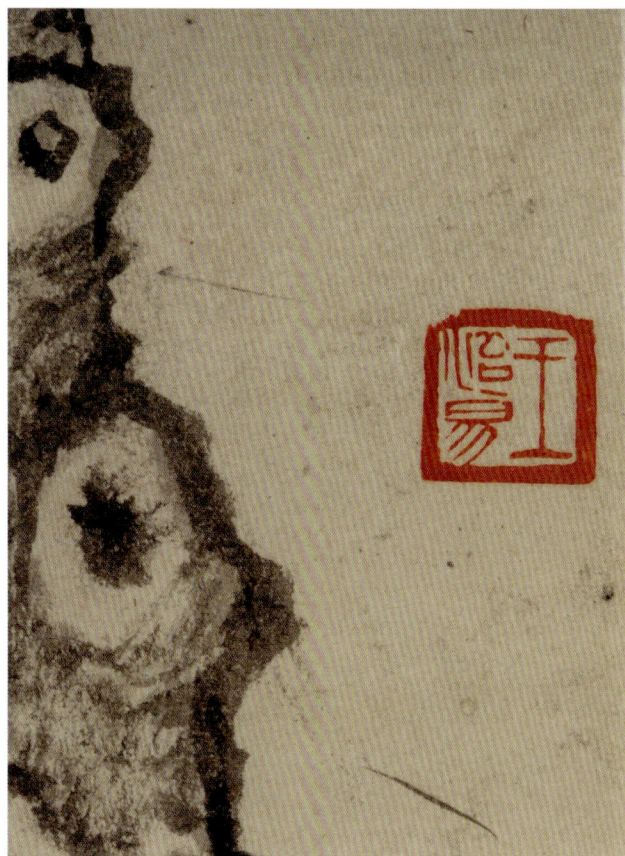

崇禎歲戊寅漆綠後一日
朝雪飄三寫此寒思
易厂

此老傑然尘大
隄凝眸袖手
氣成霾至令雲
車無奇策那
使開情看關難
易厂放言

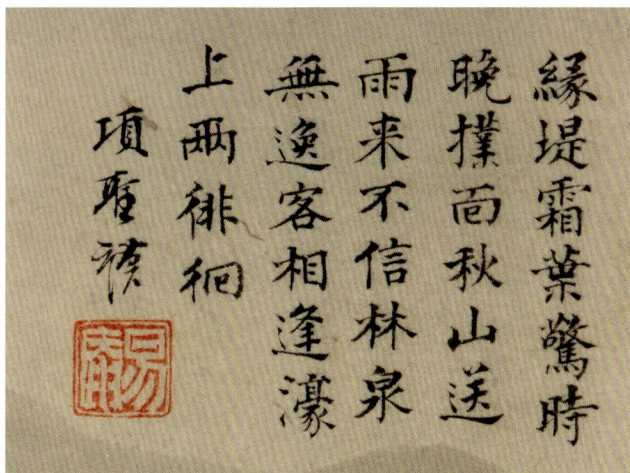

緣堤霜葉驚時
晚撲面秋山送
雨來不信林泉
無逸客相逢濠
上兩徘徊
項聖謨

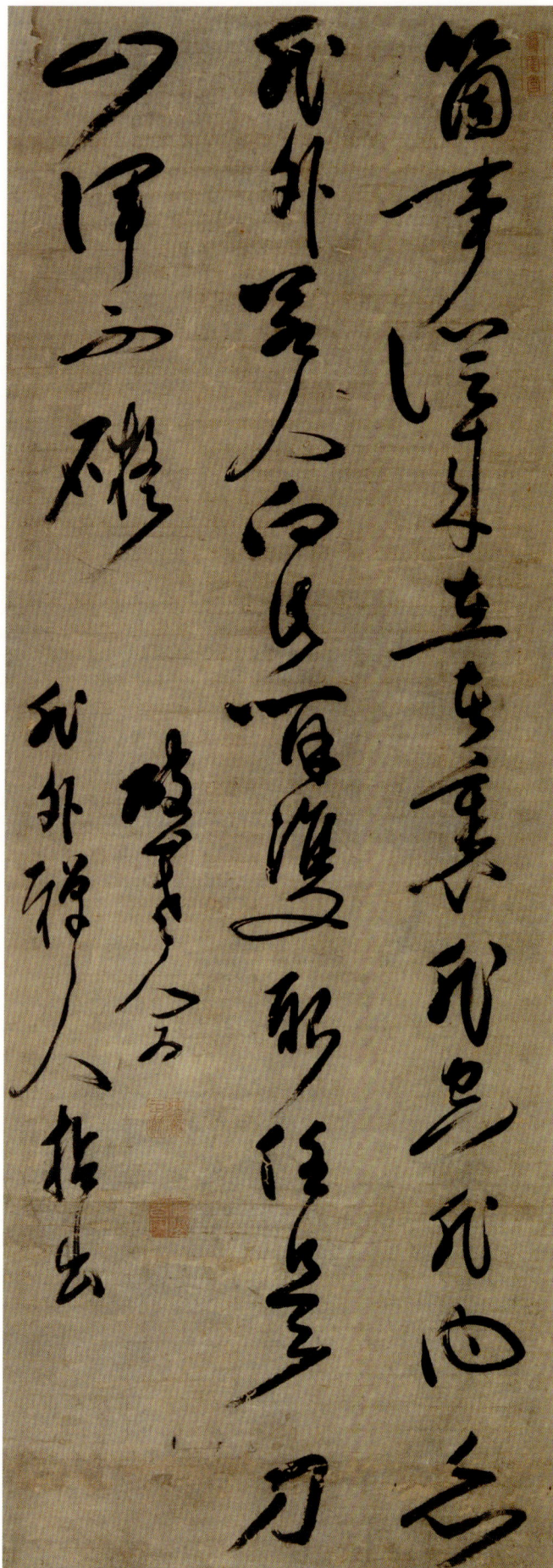

明破山和尚草书轴

纵 154.1、横 52.1 厘米

明吕潜山水图扇面

纵 16.3、横 50.6 厘米

江山卧遊 其一百五十

時辛丑九月
在石城之厚
綺軒雜蜀
盡效茗来
几硯拈筆
作此以當
白衣人送
酒也

青溪道人

清程正揆江山卧游图卷

纵 25、横 238 厘米

長安雪後見殘梅此灘朝天拜舞同曙色
漸分雙闕下漏嚴遙在百花屯鐘烟之起
開仙扳玉蟠成行引上公芙荷發生同雨
露不應黄葉火從風

渭水盲縈秦塞曲黄山舊遶漢宮斜鑾輿迴出千
門柳閣道迴看上苑花雲裏帝城雙鳳闕雨中春
樹萬人家為乗陽氣行時令不是宸遊玩物華

匡廬舊業是誰主吳越新居安此生白髮
數莖歸未得青山重望許還成雅翻楮葉
丹陽運甓立薑花釀水明從此捨舟何所
詣圖拪號扇正相迎

爽氣翰來萬里清憑高重望九愁輕不起鳳沼
霖怨霽但憶堯天回轉明四野山河通遠色千
家砧杵動秋聲遥想青露丞相府何吐開閒引
書生

太原傅山書于虹巢

清傅山隶书屏

纵 206.1、横 55.5 厘米

自歎踈狂一枝僧年来老去百无
眠钟肽方省悟身在啼鸦饭牛不
如未曾　八十叟　书

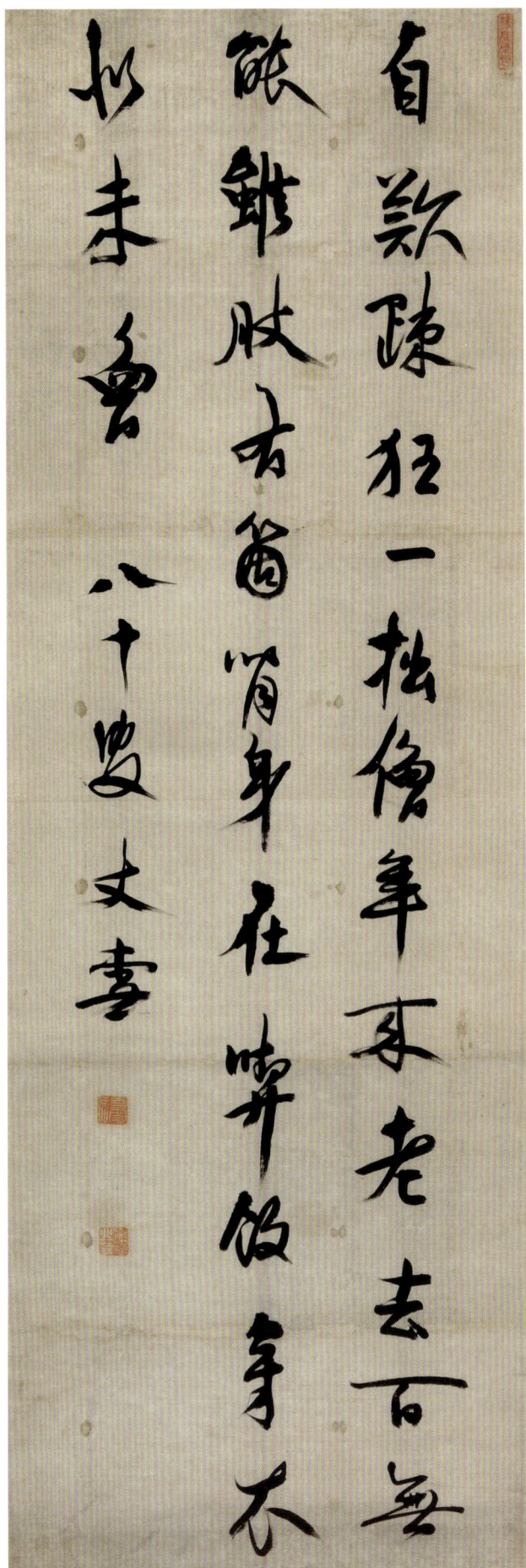

清僧通醉行书七绝诗轴

纵 224、横 77.5 厘米

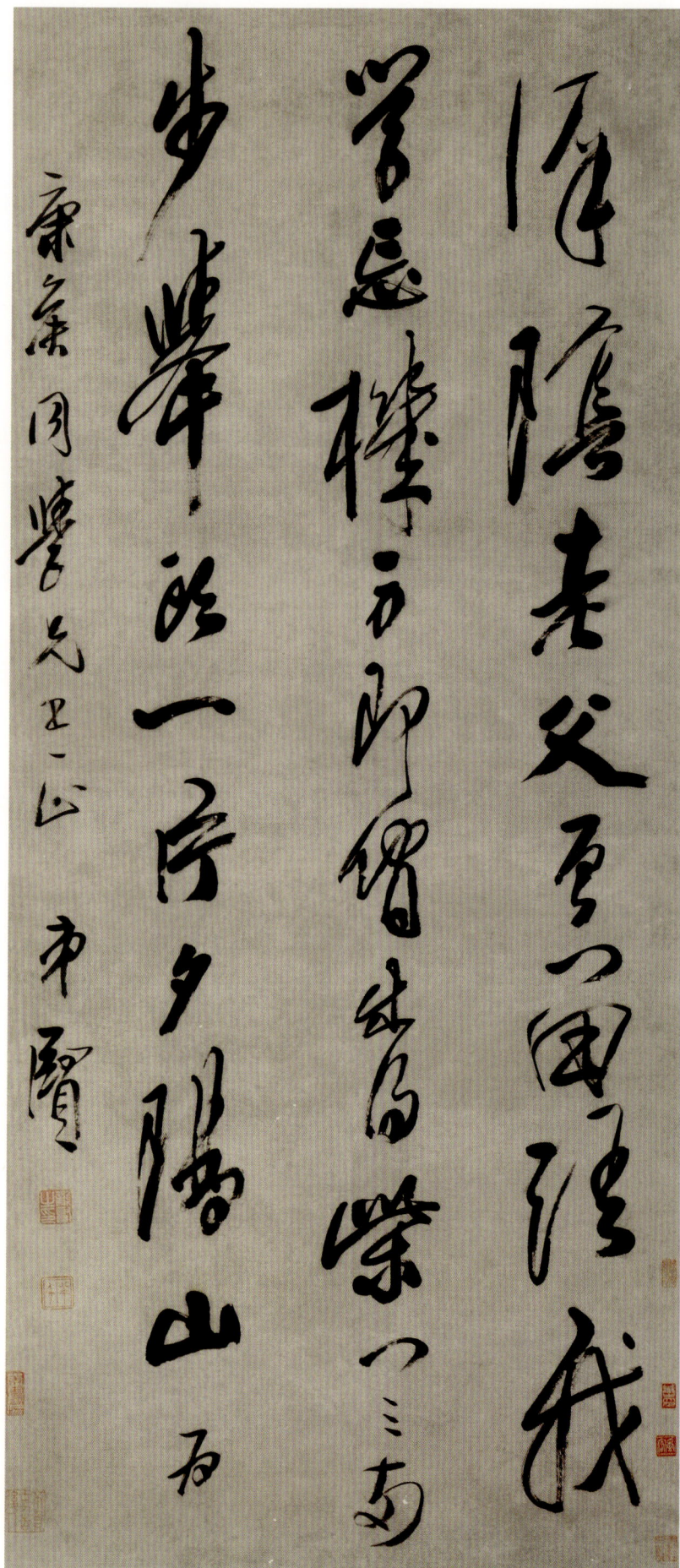

清龚贤行书七绝诗轴

纵 121.5、横 54.5 厘米

清龚贤秋林书屋图轴

纵 154.5、横 63.8 厘米

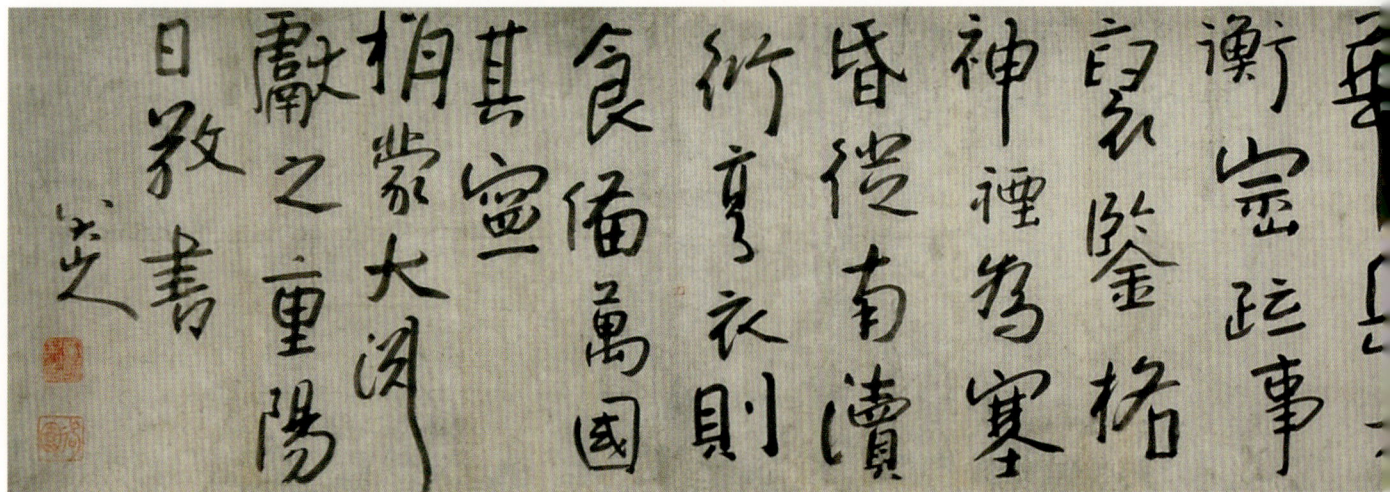

清朱耷行书禹王碑文卷

纵 37.4、横 224.8 厘米

禹王碑文
承日洛禹
翊捕虞卯
湘渚與以
島獸之門
屏身沒流
而明發兩
興之抗怠家
宿岳橦逆
智益於辰
元道尊原

清王翚仿巨然山水图轴

纵 106、横 54 厘米

随笔太

清石涛兰竹图册

纵 17、横 19.8 厘米

石濤蘭竹冊一山水冊一束自山東收於
北京揚莱陽縣志趙子昂字文水一字思
康熙二十三年甲子（一六八四）歲貢
生工詩文有雪舫遺稿遷父昌崙別院閣
仙順治進士後讀武達東於康熙三十
四年病此成兩子昭挺至父後之六年
小畫去畫生康熙四十年辛巳（一七〇二）
水畫去畫生康熙四十年辛巳（一七〇二）
石濤有山水軸為韻蘭僧作冊別有說
兩冊均有韻民璽印種種蘭竹冊後並
有石濤影字發思庵先生一笑名說管
與莱陽縣志紀錄粗合趙氏於此冊蘭竹
對幅有題字或繪畫署年於丁丑秋日

五秋月偶作於丁丑為康熙三十六年（一六九
七）是石濤此作惟任前查故宮博物館璽
石畫一大冊中有趙氏自女子璽鹽印十
年前蒙見此四冊抒長歐陽與美芳
嵐為重述兩略於屯四郵李一氓一九六

辛夏初

偶蒙雲林
筆老柱有
只塚雲楊中

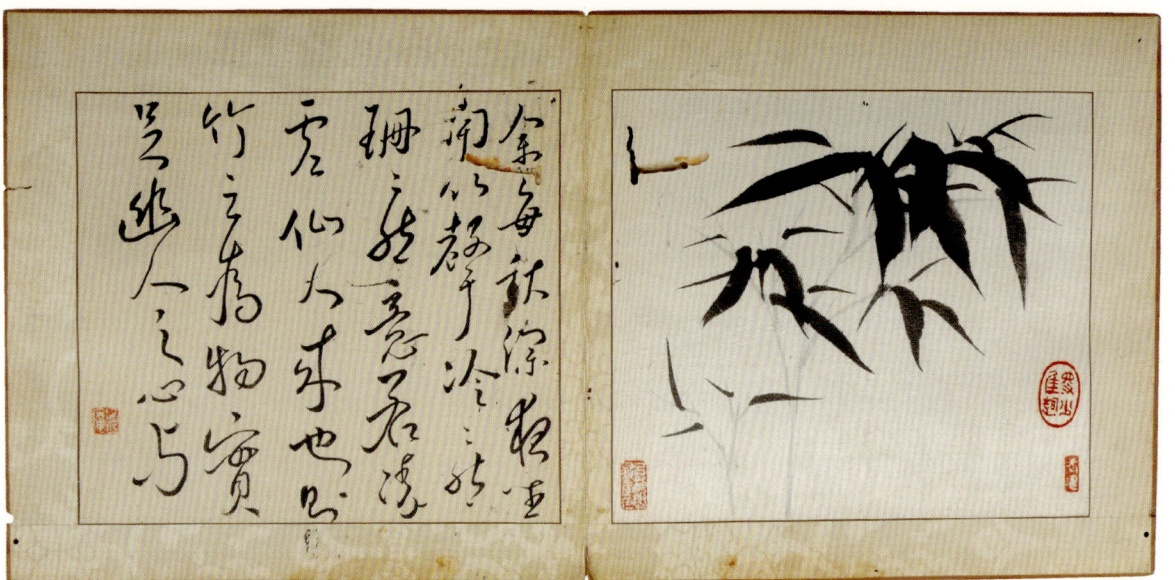

余每秋涼靜重
蘭竹靜于冷之妙
珊瑚意患子君淡
雲仙大木也於
竹之為物實
寫趣人之心寫

丁丑仲秋
偶並

一

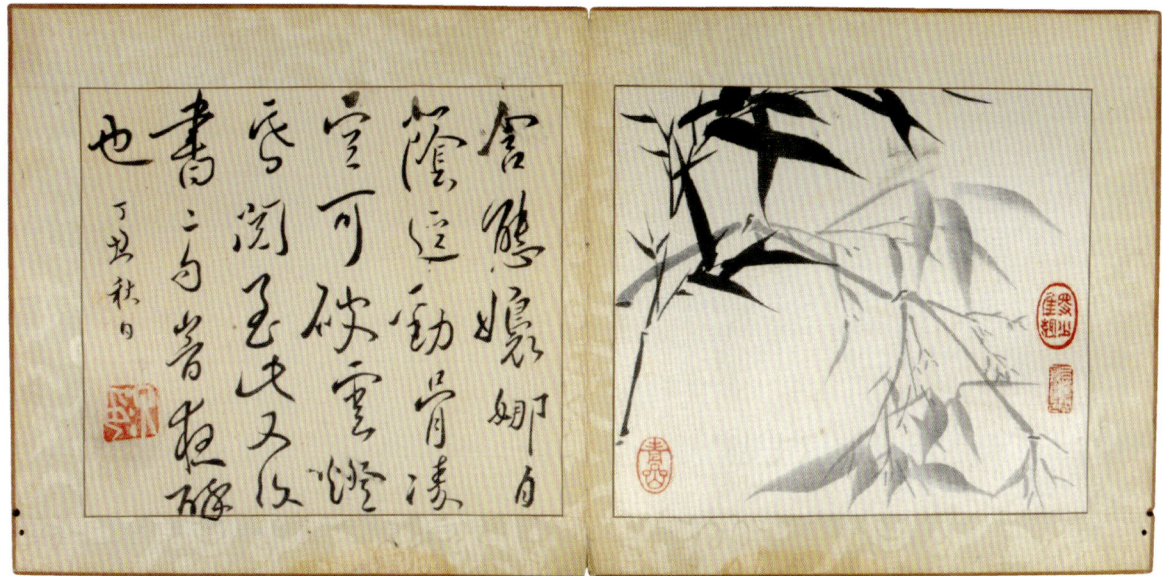

也
丁丑秋日

舍態嬌娜自
蔭逗勁骨凌
宵可映雪燈
雲開玉尺又
書之句皆雄
渾

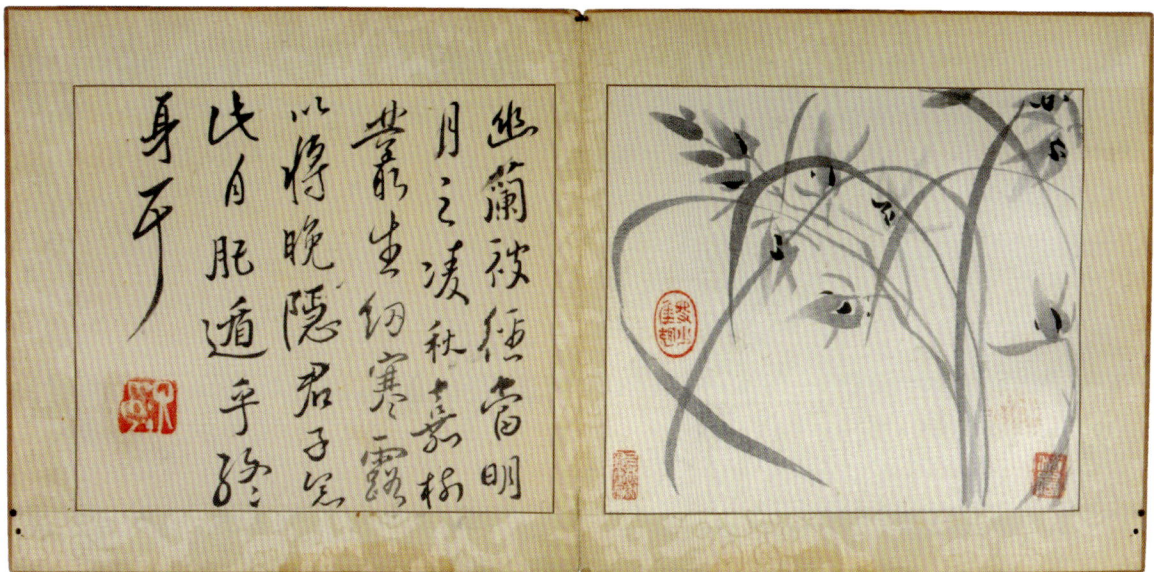

幽蘭殺穗當明
月之凌秋去嘉榭
叢生細寒露
以將晚隱君子兒
比自肥遯乎珞
身平

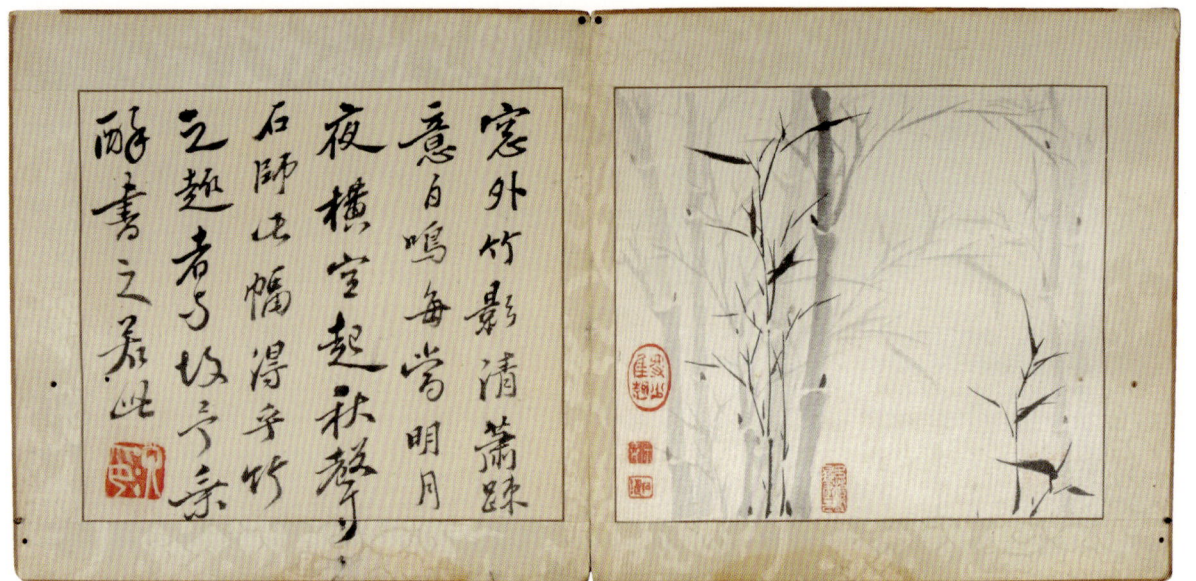

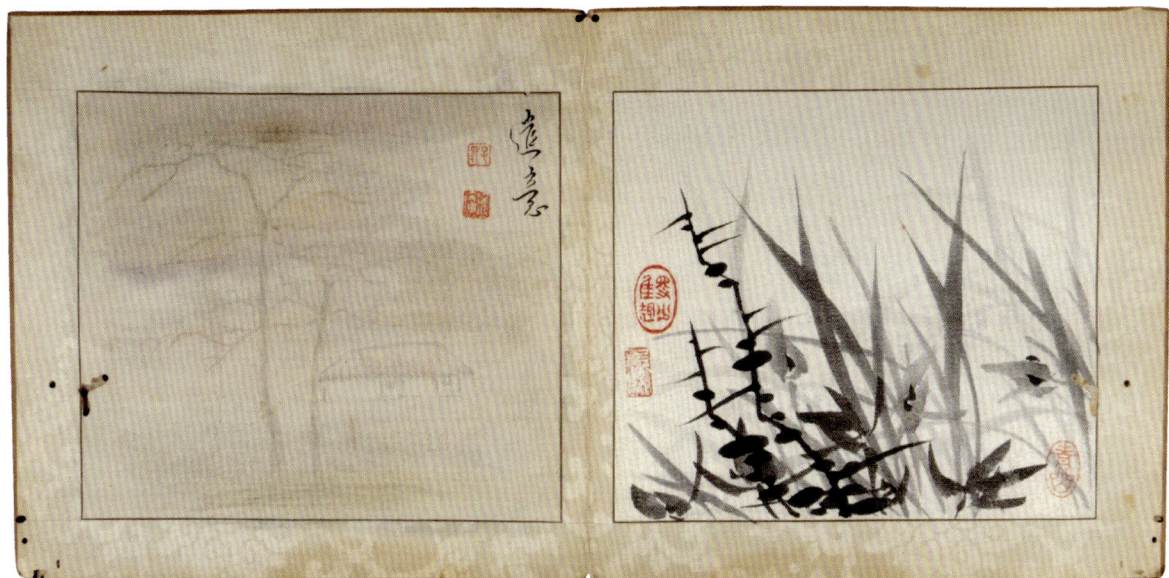

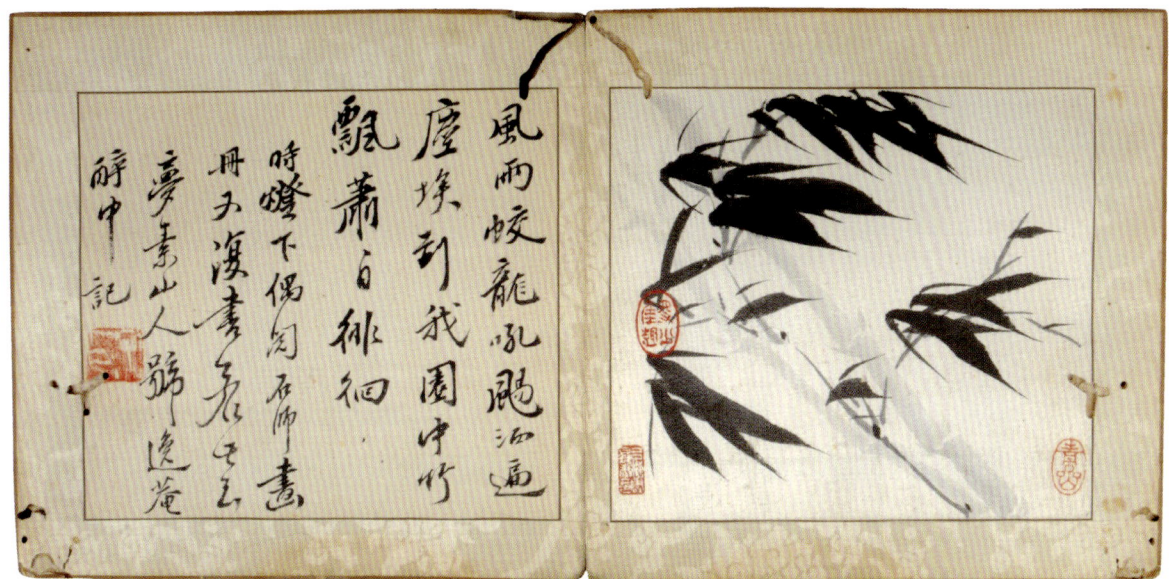

風雨蛟龍吼颿迺遍
塵埃到我園中竹
飄蕭自徘徊
時鐙下偶閱石師畫
冊又渙書春巖玉
夢素山人號遠菴
醉中記

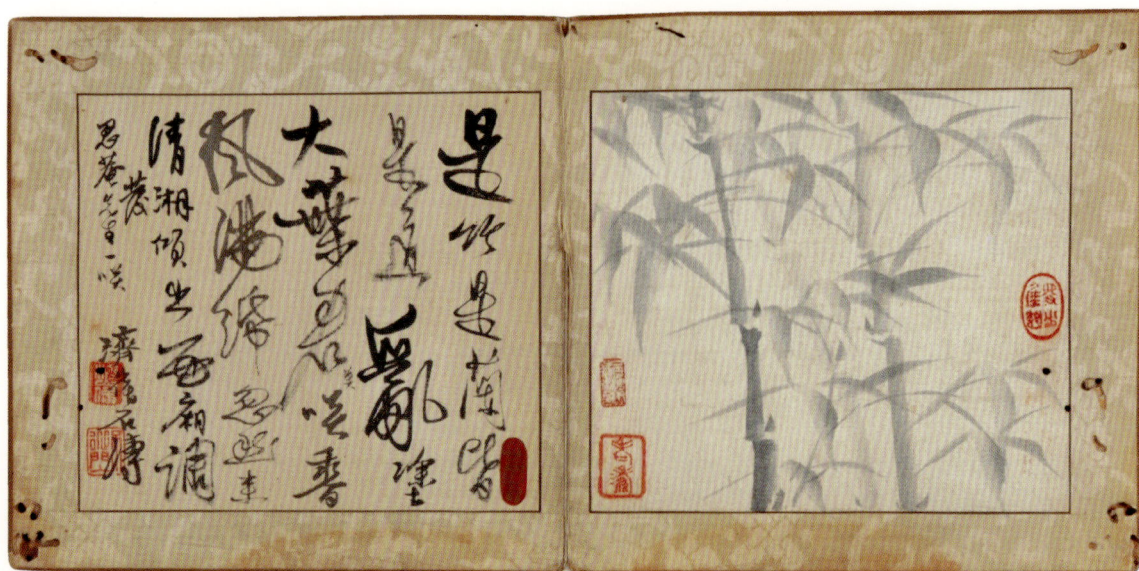

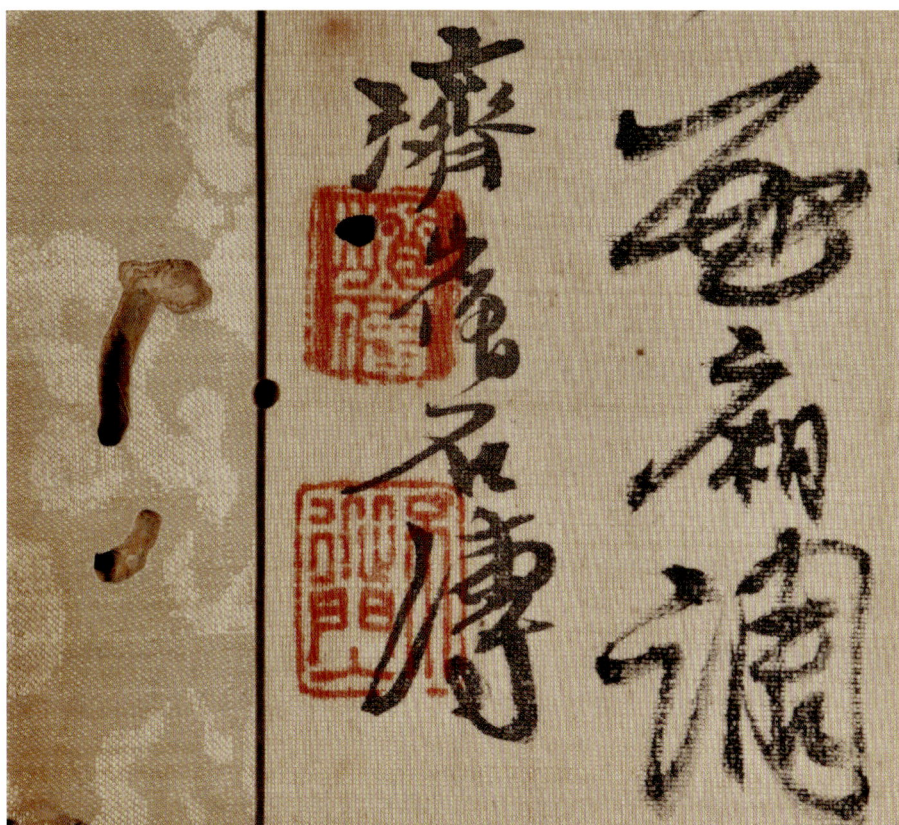

清石涛送春图轴

纵 247.1、横 134.4 厘米

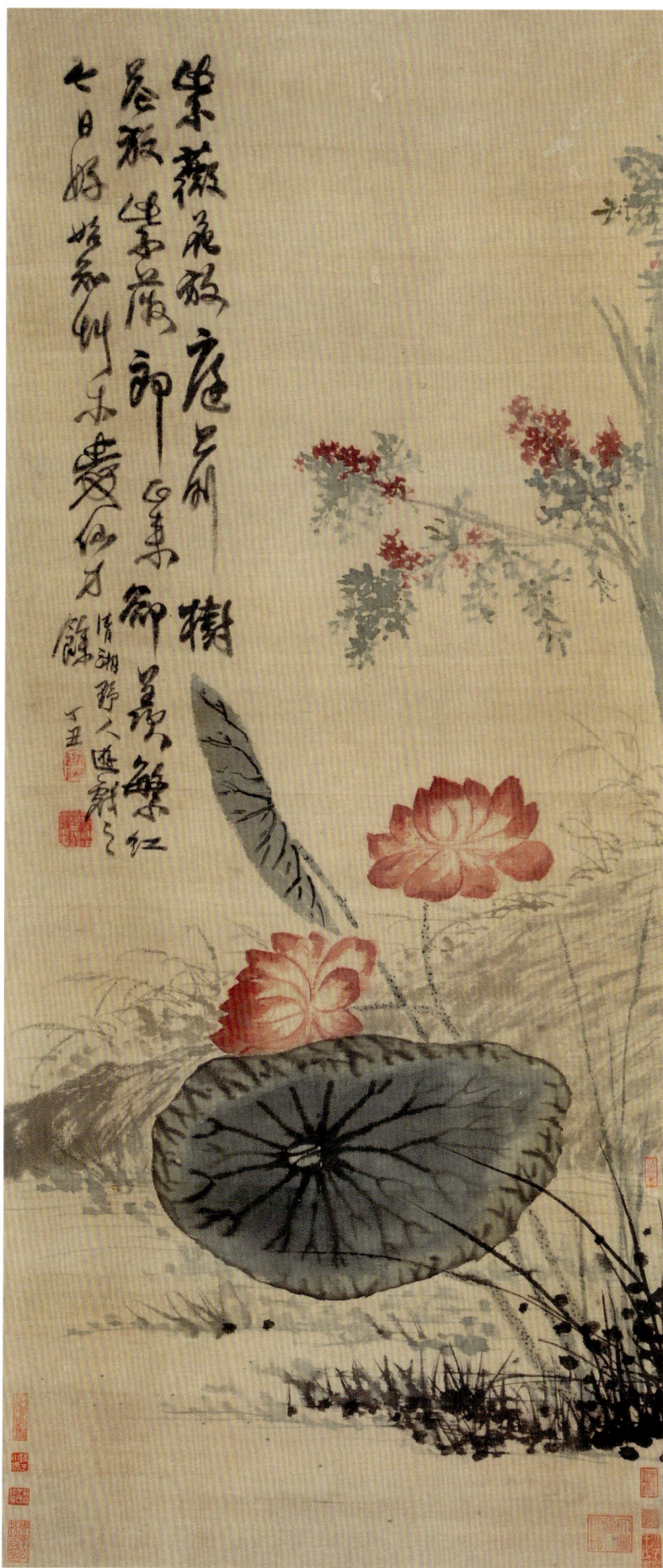

清石涛紫薇芙蕖图轴

纵 125、横 54.8 厘米

丙子寒夜薄醉
王左兄出素纸索画写
云林笔意呵冻不能酕
墨渖乾少倩笔也
麓臺原祁

清王原祁仿云林山水图轴

纵 103、横 43.3 厘米

清王槩古木幽堂图扇面

纵 17.7、横 52.7 厘米

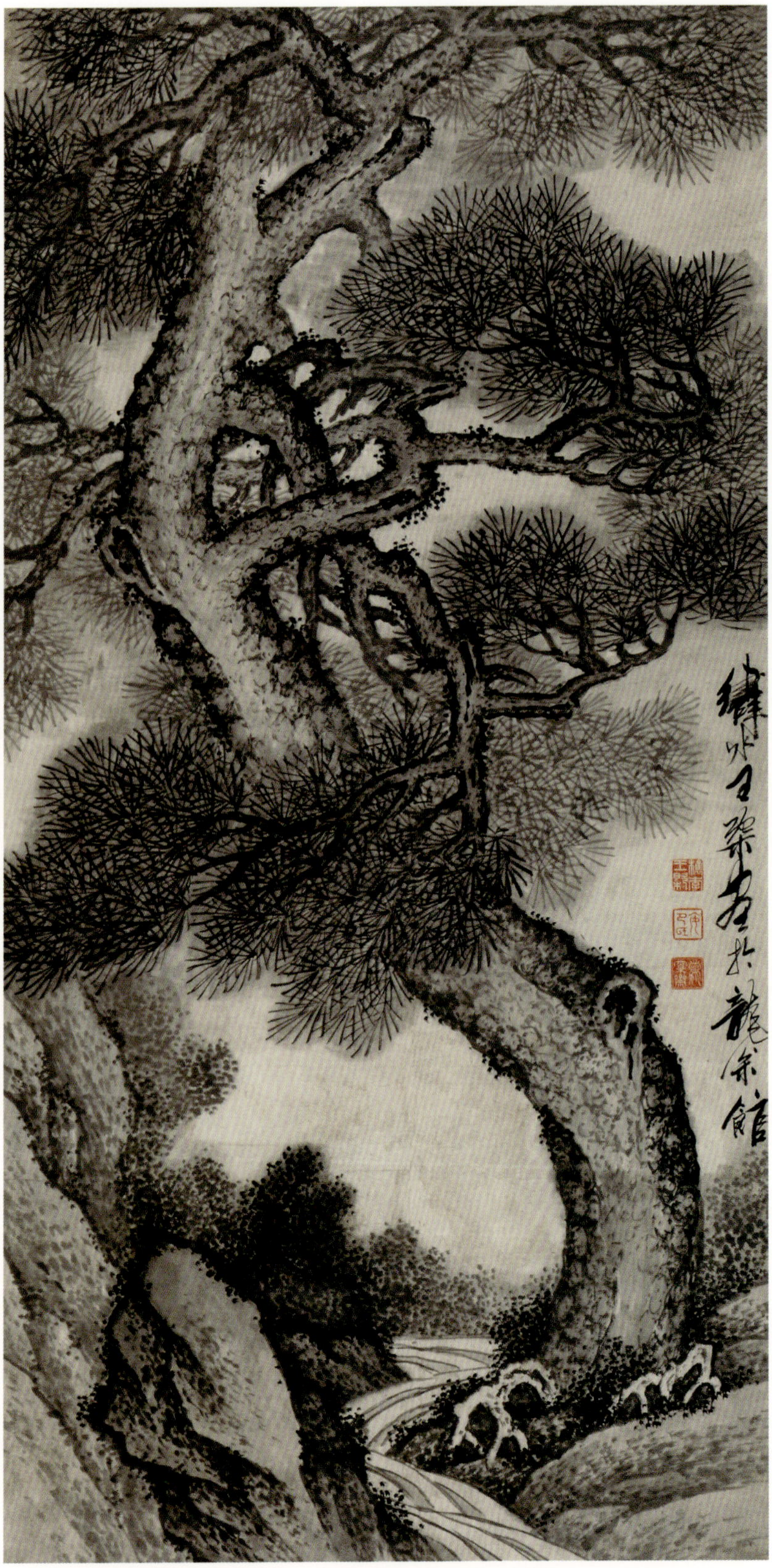

清王槩老松图轴

纵 142.5、横 72.6 厘米

清禹之鼎竹石图扇面

纵 16.6、横 49.3 厘米

竹宜著雨松宜雪

羊可胾禪酒可倨

巢林士慎書

清汪士慎隶书七言联

纵 96.5、横 16.5 厘米

寅家亭上萍开落宙含地
窗月歃圆园不入幽隅
塌山河苣僅室日

莘翁牛先生
桃八金茉

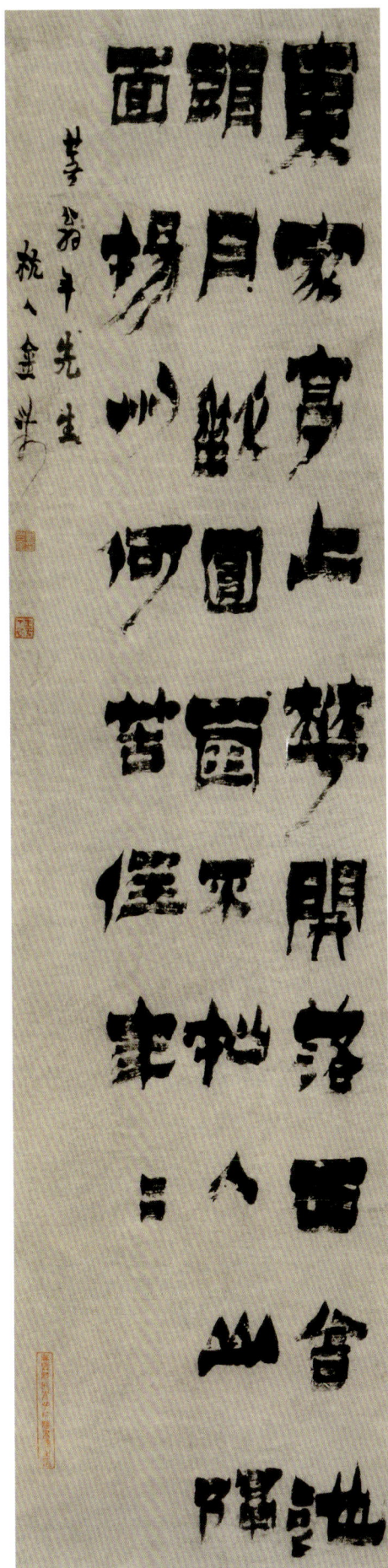

清金农隶书七言轴

纵 133.6、横 33.7 厘米

第一次全国可移动文物普查成果选编

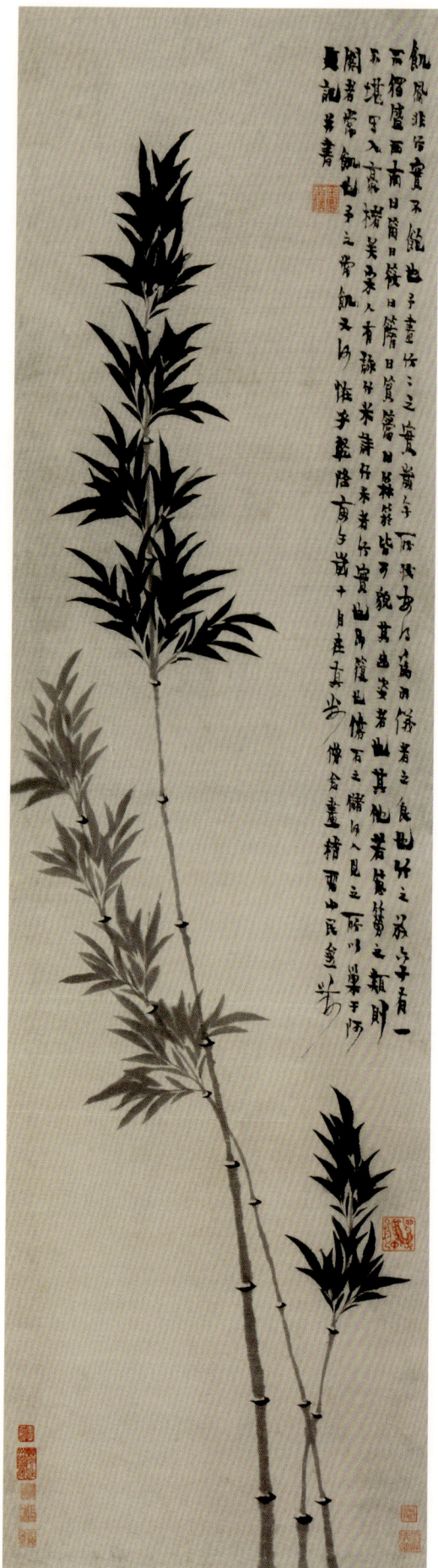

清金农墨竹图轴

纵 109、横 47 厘米

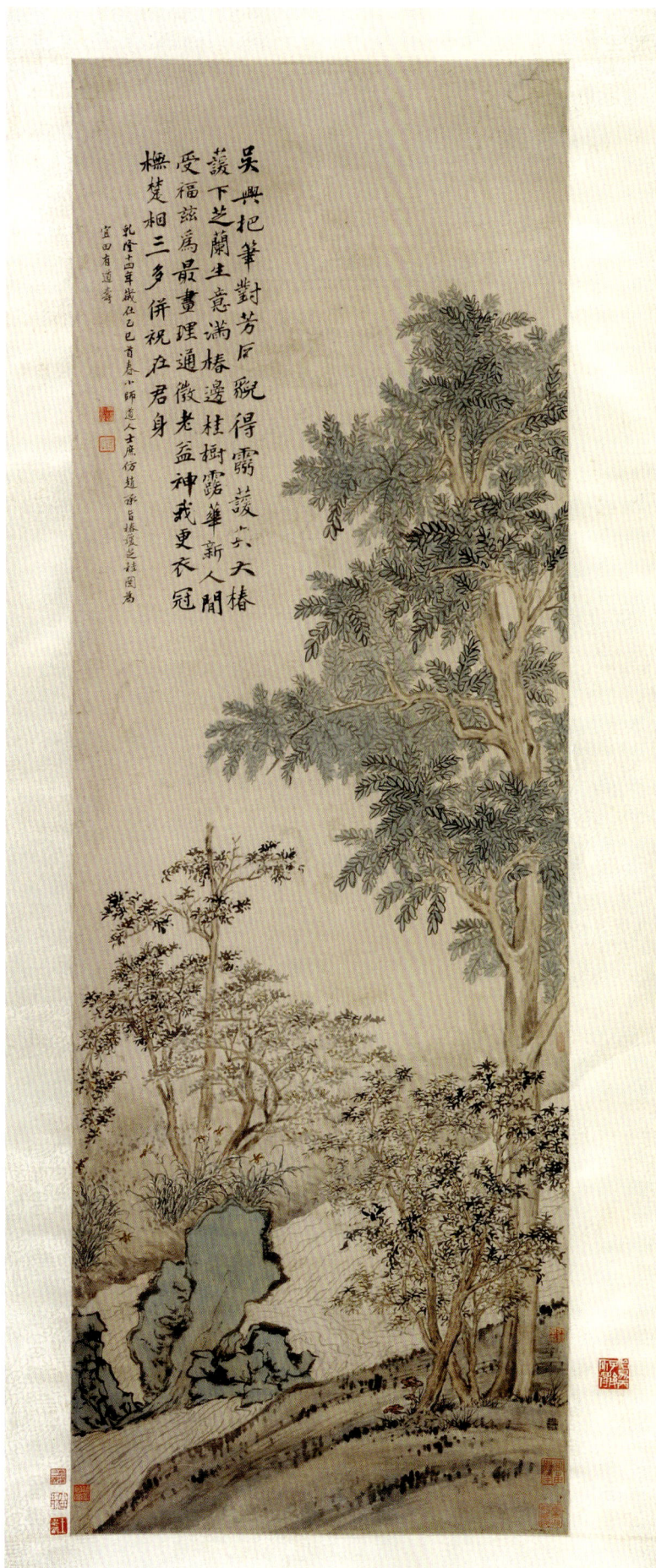

清方士庶椿萱芝桂图轴

纵 130.4、横 44 厘米

清郑燮岁寒四友图卷

纵 21、横 381 厘米

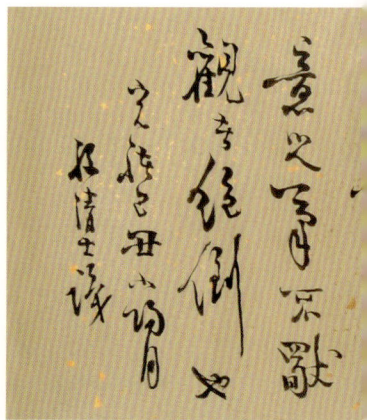

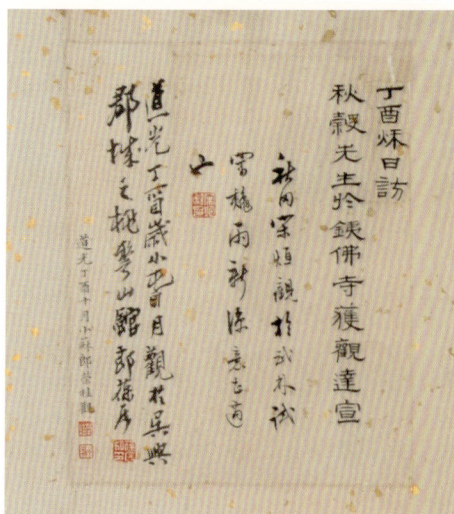

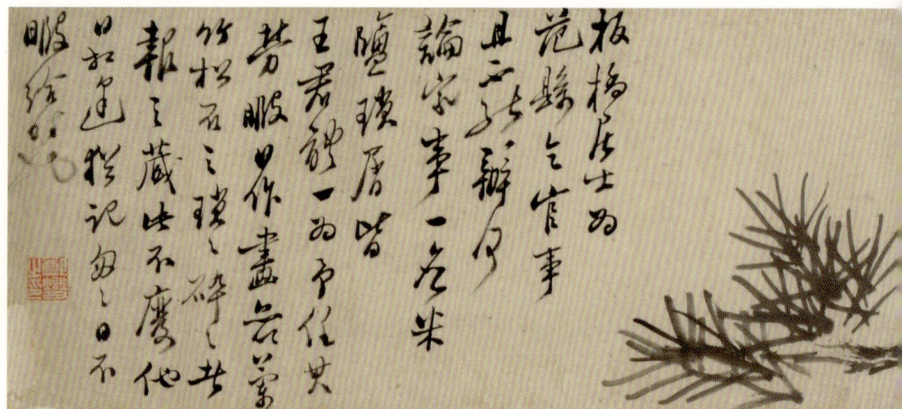

歲寒四友

板橋先生此以
禪味篤永業
麻歲□□□□□□

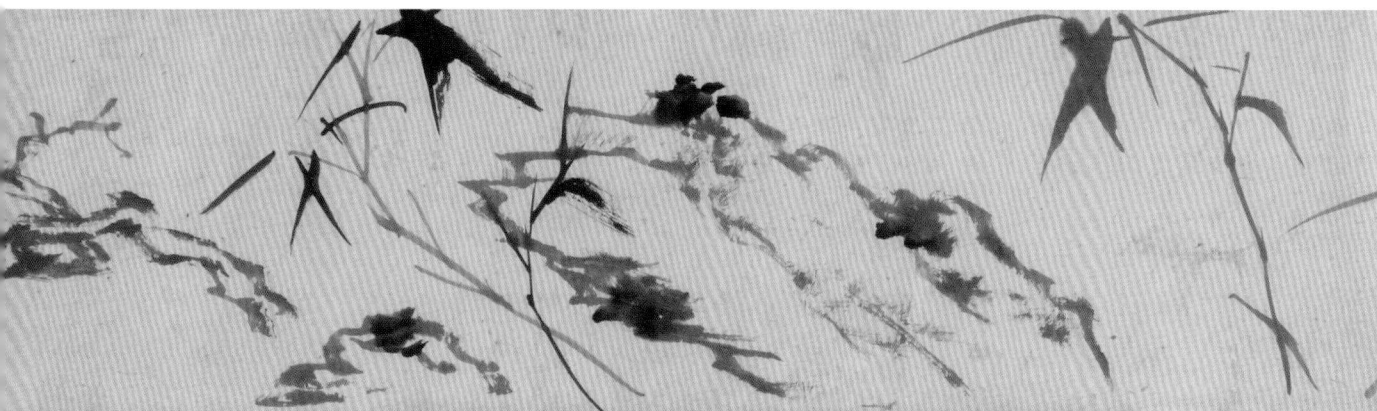

第一次全国可移动文物普查成果选编

清邓石如隶书屏

纵 166.1、横 45.2 厘米

横渠張先生東銘篇
曰戲言出扵思也戲

動作扵謀也發乎聲
見乎四肢謂非己心

不明也欲人無己疑
不能也過言非心也

遏動非誠也失扵聲
謀迷其四體謂己當

疑非其所皆就

嘉慶十年歲次乙丑春中月下澣

後學鄧石如書

清邓石如隶书屏（局部）

名春今百福
海槎大兄大人誨正
清望在三台
汀州弟伊秉綬

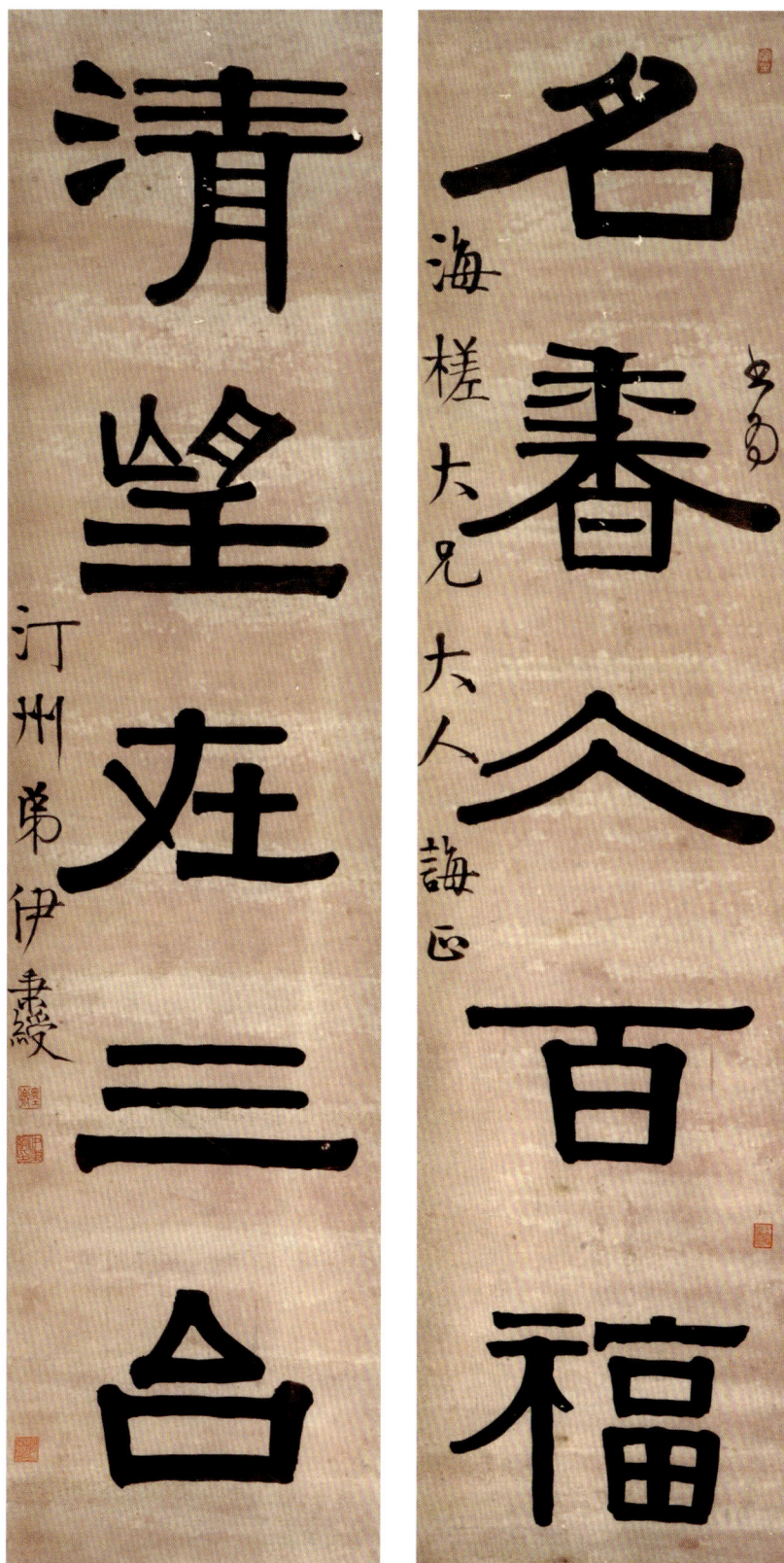

清伊秉绶隶书五言联

纵 125.8、横 31.3 厘米

清朱昂之秋山暮霭图轴

纵 134.8、横 44.5 厘米

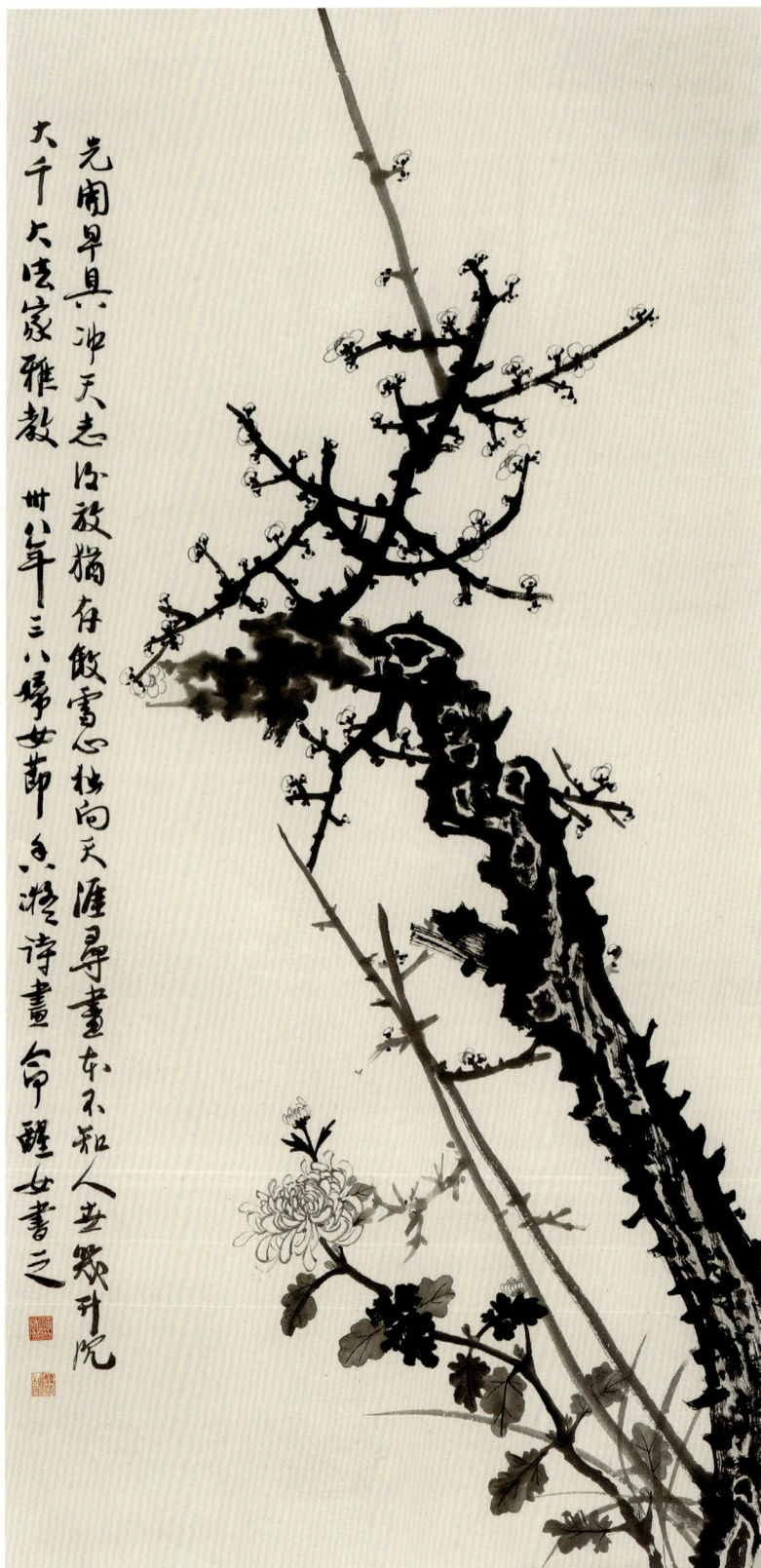

现代何香凝花卉图轴

纵 135.7、横 67.2 厘米

現代張善孖老虎圖軸

縱 131.2、橫 65.6 厘米

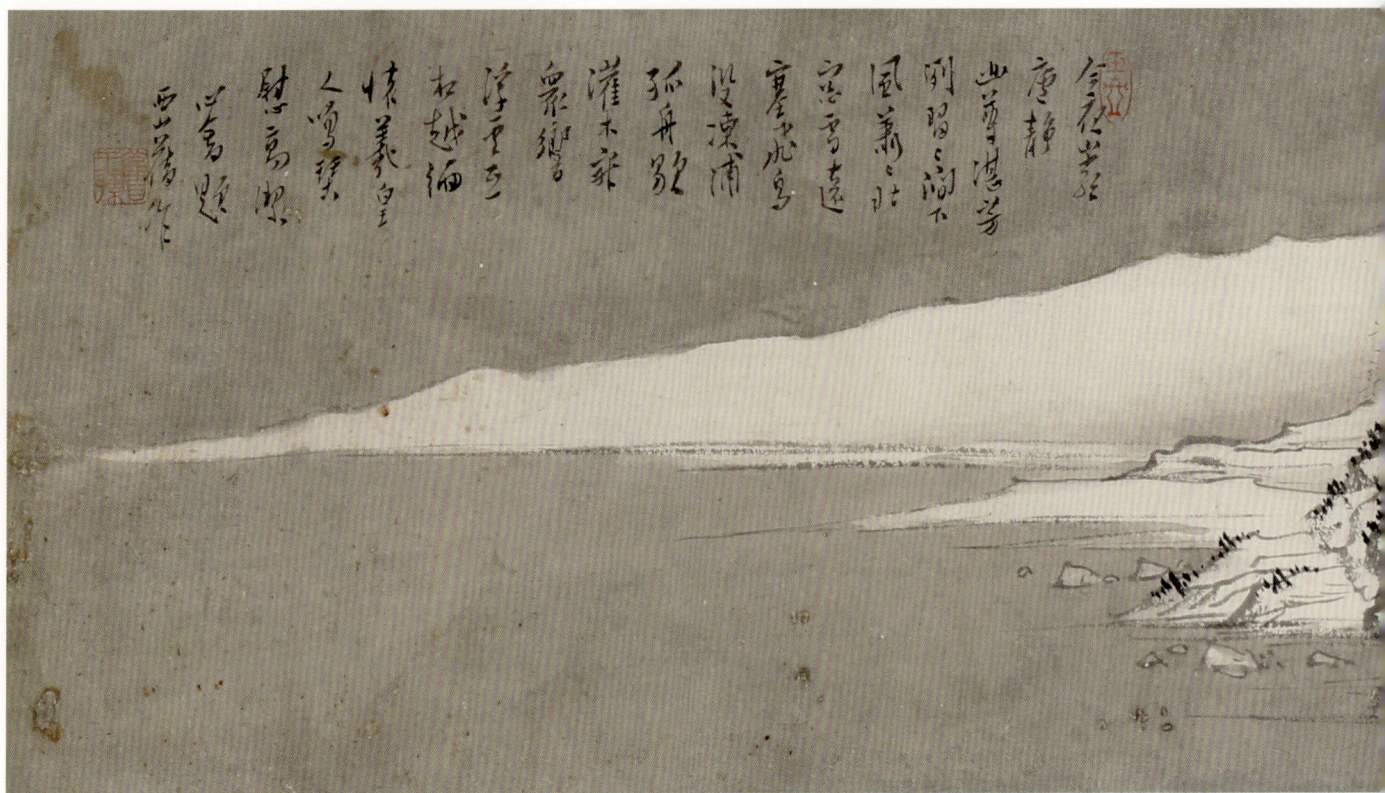

现代溥心畬雪山景色图卷

纵 33.5、横 138.4 厘米

现代徐悲鸿墨猫图斗方

纵 27、横 32 厘米

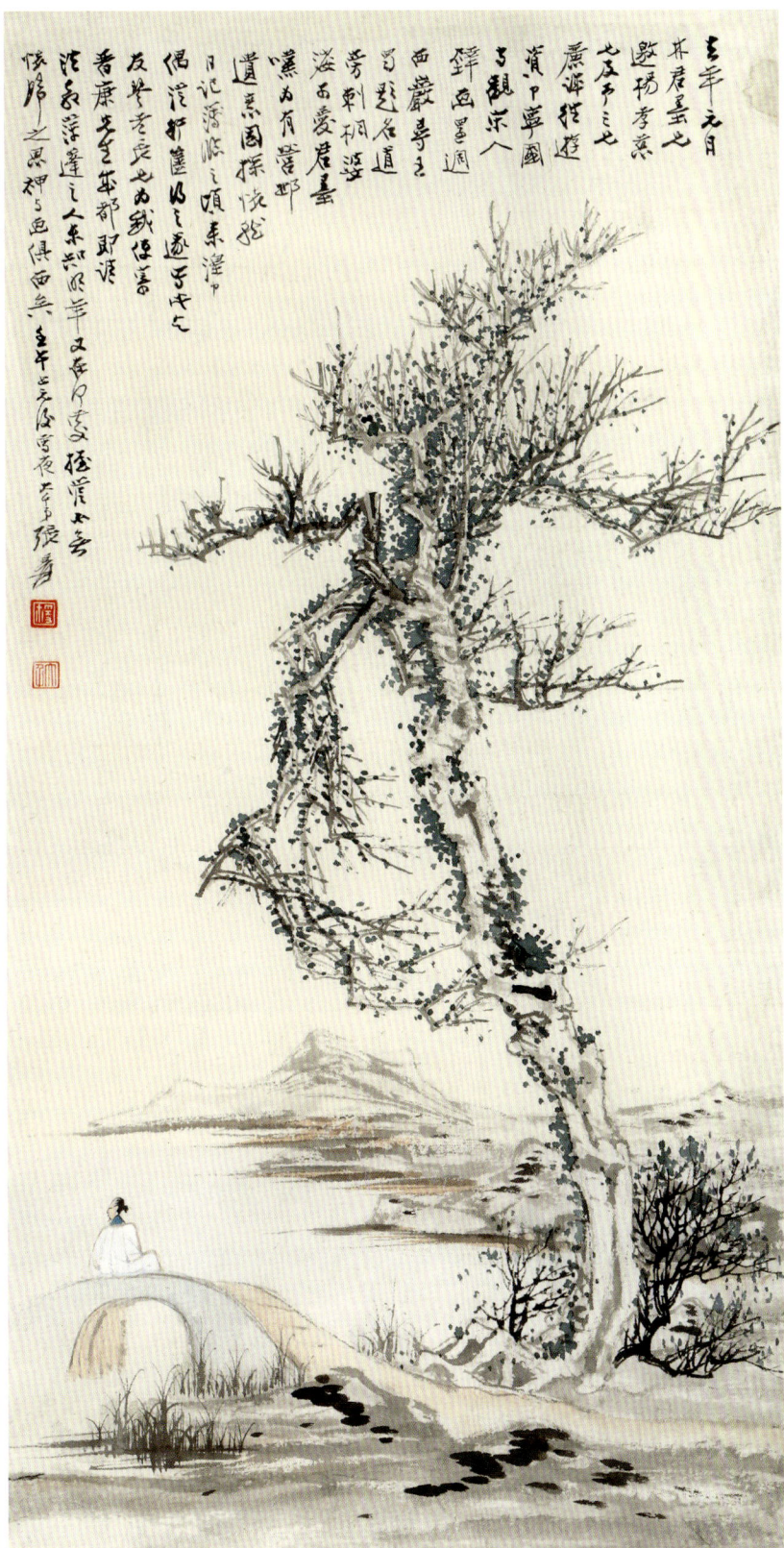

现代张大千刺桐图轴

纵 81、横 43 厘米

现代张大千网师园图卷

纵 33、横 263.8 厘米

中秋

中和癸卯春三月漁潭淋浴於東東西西南北經
入絕壤楊惰之香塵滅路蒼忽秀水入稻内
緣楊陰下歌雲州寧依養脚斜汪横黛欽
肩心折俗門の郎何來含頭部語聲生唱迴
頭欲狹冷折人麦亂漂淪何埋說之牛偶賦當
藥地依稀託日秦戶事君然め姜解金毅妾心
与吳侔去此ち年庚子臘月五四開生麗象幪
斜罩寧鍥濑頭閉憑雕閣備水湧泉肴門
お趙汪塵之見軒戸擂全毅居人言此年倉惶朝
王媽東考疑浜是時西南宦軍入懷内湾岡め
終焦咨下馬入門凝似醉道逢紫畫之巷屋之山自族
乗寿云下馬入髙讓功護乗乎上金家象蚤公汷江

蒡竹山遊亭軍堆之飯金迺逢落灞陵束堂人烟絕樹頭驛山舍
雲滅大道但在年輕子茶纤人灰肯牆匡夕吗郎帳壬三峯路百草
人家冬之二破落田岡但有萬摧殘代槪昏岳主路蒡試門雲天神
雲天名源泉於人廣戶亦柯有殘秆砠之金壇上陰一蒼歷一涛狂惡湯や
其慶県虎附七肪神通乃或之懷思他乃神丘白山中渾遊雲寒之華
図天地海寞武州至案前神水沈之蒼壇上嬭不緣閉月後歡
肯み曹守道上搔狩無慶夏巌泉霞東臡鄉郎涞利を雲之郎
夕並開陝涉州主師柬耳真水惟守埼蒲州至帥撥武中四高
茸之所神乎此野神朝又連新
天地開陝涉州主師柬耳眞水惟守
妾迷灸鼓鐸依怍犽惜朝於呌朝又連新
本主西紒四歲事於天痛贀肩著之音齊苦雦色隱之多歲聲蓬茯中邙高
和東終正七眾蓬之高著之音齊苦雦色隱之多
緞戸紒三中方小妓潴搦泡泡人門後陳金敬惟守埼
丝編黃臯過浚猯細年月清淒毛師蓂日夜巡兵人邙撸匡戸秋
水披青跡躑孲工萬族咍白宗入門下馬若族宽紫趄怍烱崀小本工
家邓凱心宇亭達手夜宿前中泑犾花垂閬嵗文陽心語走菫岡
千涞汲兩四此惟屯獻景唱求猿柬奔而炱夜伢阂泸路舟車絕
叉還郎門目相秋路色速迴戎上還溯河津室主志人鱼通岡有寒
金達之小狭江尙虑景無一月技大逝北中原戎馬与曹全邹許鉤
臨遣茶神功柬愛を童小宇坤埼圃鐉若金湯賦我如宝哩
墨如久四河高溫漢坠一境子小依逕離綬閭下人懐两邹姜江
雨坦顥君举楮禾浚東詠せ長潘戲相二辛庄姜泠冷予

三昌公元年

日其黍白俗涸戈祐二十二卦乎月了廿日
同贫鄭文敘列里文栗枛文印草利　惹文又窿文印之仡殹後進它岳
四將文　　　　　　　学堂新之卅九年九十月十二卜席
　　一九九七年二〇　泝文山底文抑山系陵進行之品

现代何海霞山水图页

纵 23、横 26.5 厘米

现代关山月人物图轴

纵 109.5、横 40.3 厘米

现代陈子庄夹江青衣江南岩图页

纵 15、横 17 厘米

现代陈子庄雏鸠图页

纵 27、横 33.5 厘米

二〇一四年元旦
百岁翁马识途书

现代马识途隶书百岁词横幅

纵 76、横 134.5 厘米

過隙白駒，逝者如斯，
轉眼百年，憶少平出，
峽燕京，磨劍國仇誓，
報豪氣，萬千學淺才，
疏難酬，壯志美萬一，
朝化匆，燭只贏得了，
一臉義情，雨養蕭然。

百歲述懷　寄調壽星明

现代李文信青城印象图轴

纵 101、横 94 厘米

现代陈寿岳秋韵图轴

纵 181、横 77.6 厘米

宋搨聖教序

板橋浙人前後鈸道光甲午
縣堂質坦持贈少空弃志

大唐三藏聖教序
太宗文皇帝製
弘福寺沙門懷仁集晉右
將軍王羲之書

蓋聞二儀有像顯覆載以
含生四時無形潛寒暑以
化物是以窺天鑑地庸愚
皆識其端明陰洞陽賢指

武后此帖與定武蘭亭
乾優劣愚曰未易言也
蘭亭乃一時高興耶
至天機真舞宣復自知
如李廣郭汾陽用兵隨水
草便益家軍人皆各得自由

兩亦未嘗有失至聖教
序字、精悍筆之嚴
紫程不識刀斗森嚴
李臨淮旌旗整肅之是
一家氣象 板橋鄭燮

南宋拓唐九成宫醴泉铭拓本

纵 36.5、横 25 厘米

維貞觀六年孟夏之
奉敕撰
鉅鹿郡公臣魏徵
祕書監撿挍侍中
九成宮醴泉銘

莊若對越俊若跳擲
袁乾

池跨水架楹分鏡
也冠山抗殿絕壑為
宮此則随之仁壽宮
皇帝避暑乎九成之
月

咸念茲在茲永保
貞吉
無太子率更令勃
海男臣歐陽詢奉
敕書

此先原碑宋拓真本澂江莊袁乾案定珍藏

書画、拓本

肆

契帖

珊瑚阁藏本第一

永和九年歲在癸丑暮春之初會
于會稽山陰之蘭亭修稧事
也羣賢畢至少長咸集此地
有崇山峻領茂林脩竹又有清流激
湍暎帶左右引以為流觴曲水
列坐其次雖無絲竹管弦之
盛一觴一詠亦足以暢敘幽情
是日也天朗氣清惠風和暢仰

细阅此帖与怀仁集兰亭真迹序同意
世昌称李丞相遒劲家藏怀仁集
此帖为冠世之宝见兰亭者借此山
在悟兰树因菴露砚试白心墨
书此乙巳三月望日

明拓明刻星凤楼帖拓本

纵 28、横 14.3 厘米

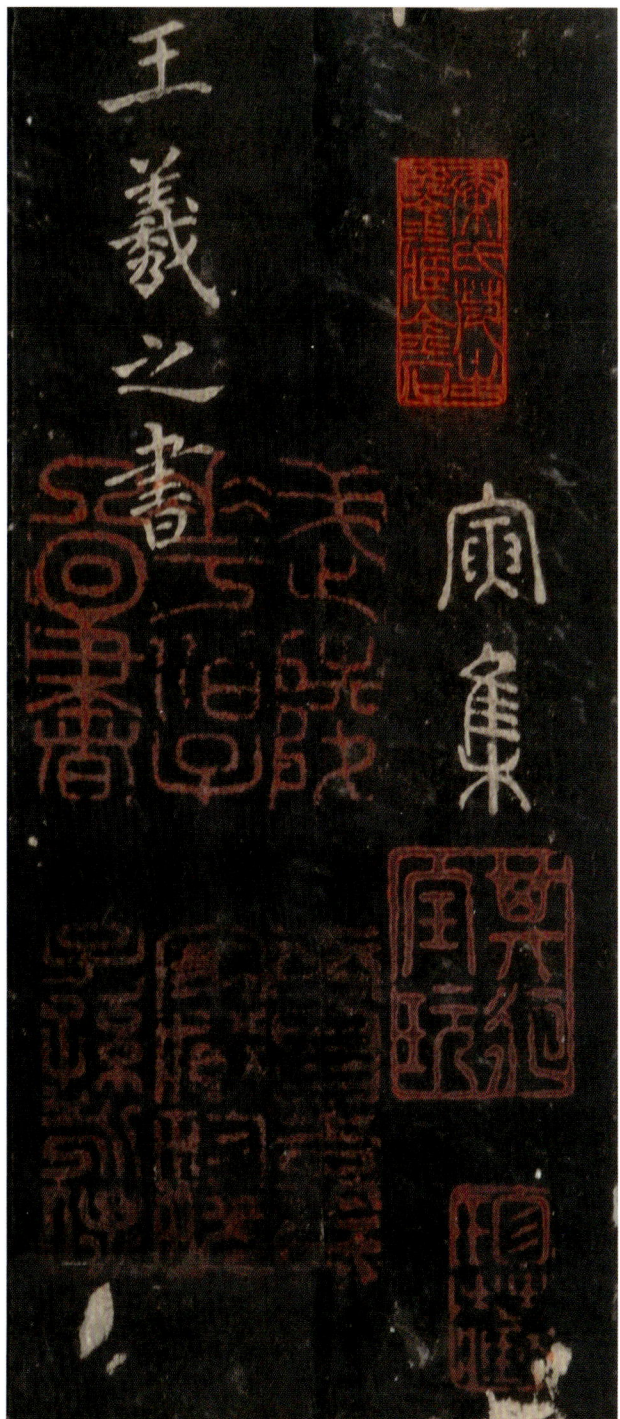

玉烟堂法帖 六朝 三

六朝法書　揚義

太上黃庭內景經

太上黃庭內景經者一名太上琴心文琴和也謂之可以和六府寧心神使得神仙一名

太上金書扶桑太帝居宮中盡誦此經以金簡刻書之故曰金書也一名東華玉篇東華者方諸宮名也

扶桑太帝君命湯谷神仙王傳魏夫人

東海青童所居其中玉女仙人皆誦詠之刻玉書之為玉篇當清齋九十日誦之萬過伏調和

三魂制錬七魄除去三尸安和六府五藏生華色反

嬰孩百病不能傷災禍不得干萬過既半自然洞觀

鬼神內視臟腑得見五藏其時當有黃庭真人中華

玉女教子之神仙馬此文不死道也

子有仙相得吾此書也此文羅列一形之神室度脫

明拓元七观帖拓本

纵 32.8、横 16.2 厘米

翰林先生為榮息機謝白玉之堂將歸乎麻源之
山房越公深懷續濡誦託物喻志考圖審曲若鑑
之納視言忘而意消類別而理簡有郢大夫龐然
褐衣目不接乎耨斂耳無聞於律呂斷而言曰登
彼能賦浮雾荒忽智專者魂疆彩滯者物逐昔
六滋

吳州来觀詩東魯言有度微有煙腐百於枚生
蓝篌於曹王先生莹崔也雲葶汗漭亞峽噆兜
冑巖腹醬公孫不足以教我先生殺青南山積簡
羽陵有絪若墨有繩辈凡暢微我其聆諸
越公孫曰太素烟熅清漓真儀而風露雷動植
收孳辨方審良民用不疢六氣以診目天其世彼
諱者皇曰汝命寶長麻土營劖相其温涼我生

藉此削芉公清永豪欲獨佰意文事
可謂本立枚茂綱舉目張於是渡云
亥靖壬戌七月望日南昌病史豐道生
蓮識

四川是一个多民族聚居居地，是『中国第二大藏区』『唯一的羌族聚集地』『最大的彝族聚集地』。四川博物院收藏有藏族、羌族、彝族、苗族、土家族等少数民族文物近7000件（套），涵盖内容广泛，种类丰富且质量较高，其中不乏精品。藏传佛教文物是四川博物院的一大特色文物，如9～10世纪铜阿嵯耶观音像、明铜金刚杵、明永乐铜金刚铃、清弥勒佛唐卡、清金刚持唐卡、清香根却巴瓦唐卡、清四臂观音唐卡等。彝族文物有清彩绘相对涡纹牛角火药筒、清彩绘漆木鸟酒壶、清彩绘皮护手等。羌族文物有近代木刻人头杵。除此之外还有铜印等极具历史价值的文物。此次精选的28件藏品就是典型代表。

民族

明铜金刚杵

长 17.7、最宽 4 厘米

明永乐铜金刚铃

直径 10.1、高 22 厘米

现代象牙转经筒

筒径 7.1、高 29.7 厘米

清彩绘木面具

高 29、宽 24.5 厘米

清弥勒佛唐卡

纵 67.5、横 46.5 厘米

清金刚持唐卡

纵 67.5、横 47.5 厘米

清香根却巴瓦唐卡

纵 70、横 50 厘米

清四臂观音唐卡

纵 55、横 39.5 厘米

清宗喀巴行传唐卡

纵 67.5、横 46 厘米

近代银丝盘花嵌珠呷呜盒

长 9.5、宽 7.4、厚 2 厘米

照 牌

副總府

乾隆四十一年十二月

日

總鎮夷務成都副總府大老爺馬

為給照牌事有從前分賞你們大金川的

番婦金在恩滿榮里阿班付格勒思何邦五口在你溫布跟前當了頭應有人認識

你們要這項人你憑我大老爺給你這個執照就是人敢與你要了再這五個了

頭如有更逃兩走也憑這個執照追查這文書給你遵奉頒至牌書

右牌給綽斯甲溫布七昌准此

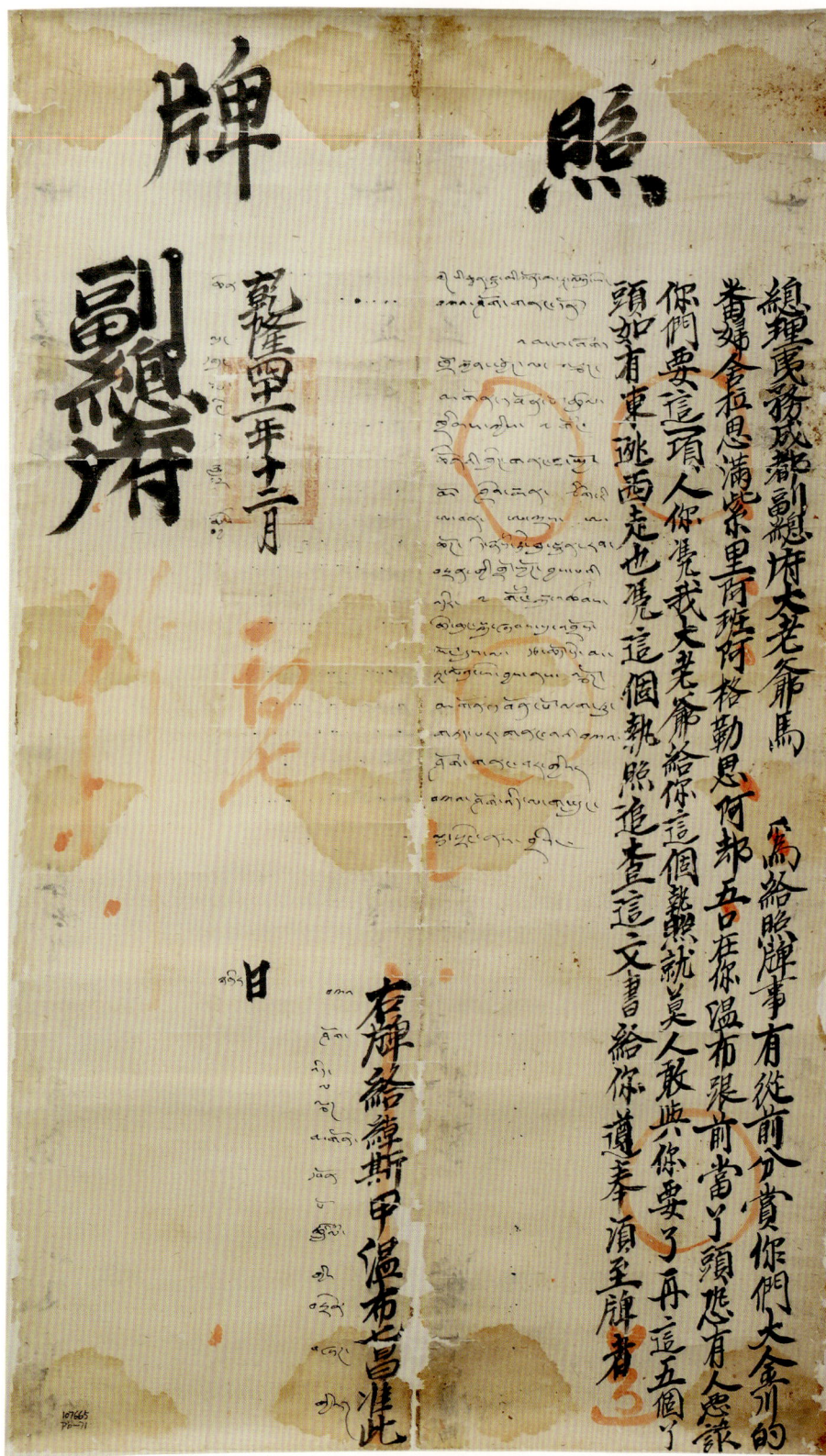

清乾隆四十一年照牌

纵 86、横 52.5 厘米

清嵌珊瑚珐琅饰腰带

长 218、宽 5 厘米

近代珊瑚珠链饰品

长 110.9 厘米

近代嵌珊瑚银手镯

长径 8.5 厘米

现代九眼石珠

周长 84 厘米

明永乐九年铜 "火把蔬千户所印"

长 7.5、宽 7.5、通高 10.1 厘米

明大顺二年铜"离八寺长官司印"

长 7.2、宽铜 7.2、通高 9.6 厘米

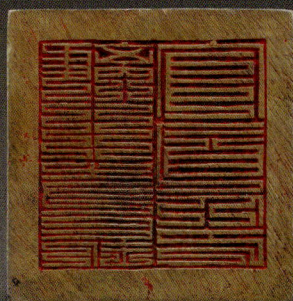

清嘉庆九年铜 "瓦寺宣慰司印"

长 8.9、宽 8.9、通高 12.8 厘米

清道光五年铜"四川长河西鱼通宁远军民宣慰使司印"

长 8.7、宽 8.7、通高 11.4 厘米

清乾隆十四年铜"卓克基长官司印"

长 7.1、宽 7.1、通高 10.5 厘米

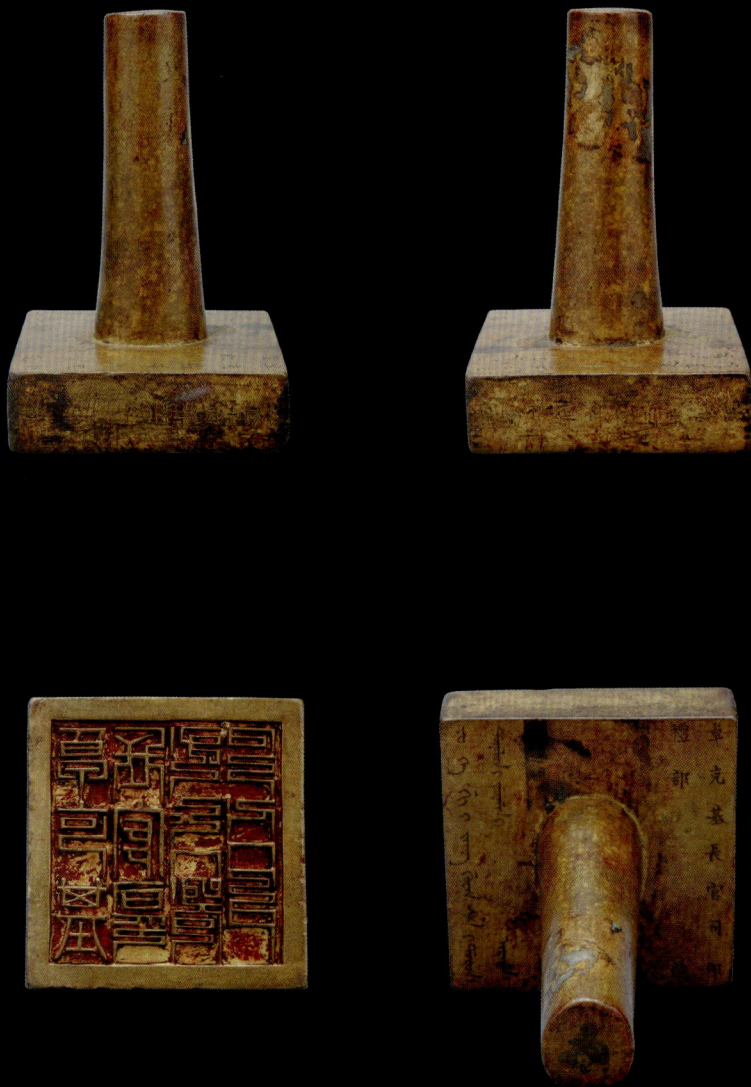

清乾隆五十七年铜"四川铁布土撒路木路恶寨土百户印"

长 6.6、宽 6.6、通高 11 厘米

清 "四川藏区承宣布政使司之印"

长 10.5、宽 10.5、通高 15.2 厘米

清彩绘相对涡纹牛角火药筒

口径 2.4、底边长 9.1 厘米

清彩绘漆木鸟酒壶

最长 26.3、最高 19 厘米

清彩绘皮护手

口径 8.9、长 30 厘米

近代木刻人头杵

长 19.4 厘米

四川博物院

第二次全国可移动文物普查成果选编

四川博物院收藏的杂项包括雕刻类文物、民俗文物和
钱币，数量繁多、种类包罗万象。院藏雕刻类文物有
2027 件（套），分为竹雕、木雕、牙雕、角雕等，
涉及新石器时代到现代的各个时期。院藏民俗文物
2000 余件（套），包括从唐、宋到现代的重要历史
文化遗物。藏品种类丰富，不仅有唐、宋古琴，明代
名家制作并收藏的文房四宝，还有清代名家所制的精
美的内画鼻烟壶。馆藏皮影以四川皮影为主，丰富且
成套的有故事的人物皮影较多。以手绣见长的蜀绣，
具有浓厚的地方风格，题材多为花鸟、走兽、山水、
虫鱼、人物。此外，四川博物院共收藏钱币 90000
余件（套），为研究四川地区货币史以及全国经济
史提供了重要资料，在全国占有重要地位。此次入
选的 41 件（套）藏品均是各类文物中的精品部分。

陆

杂 项

汉 "蜀郡太守章" 封泥

封泥最长边 2.7、高 1.3 厘米

清卢葵生雕漆人物方盒

边长 27.3、高 7.3 厘米

清卢葵生嵌螺钿漆文房匣

长 25.4、宽 15、高 6.7 厘米

清雕漆云龙纹圆盒

直径 17.1、高 7.4 厘米

明竹雕人物笔筒

口径 14.8、底径 14.8、高 17.7 厘米

清吴之璠竹雕村竖牧牛笔筒

筒径 8、筒高 13.3、通高 15.8 厘米

清吴之璠竹雕松菴道人笔筒

筒径 10、高 17.4 厘米

明旧坑眉子歙砚

砚长 24、宽 14.3 厘米

清镂空暖砚

砚长 15.5、宽 9、高 11 厘米

清马荃红丝砚

砚长 13、宽 9.5、厚 1.5 厘米

北宋"诵馀"七弦琴

身长 122.1、头宽 17.9 厘米

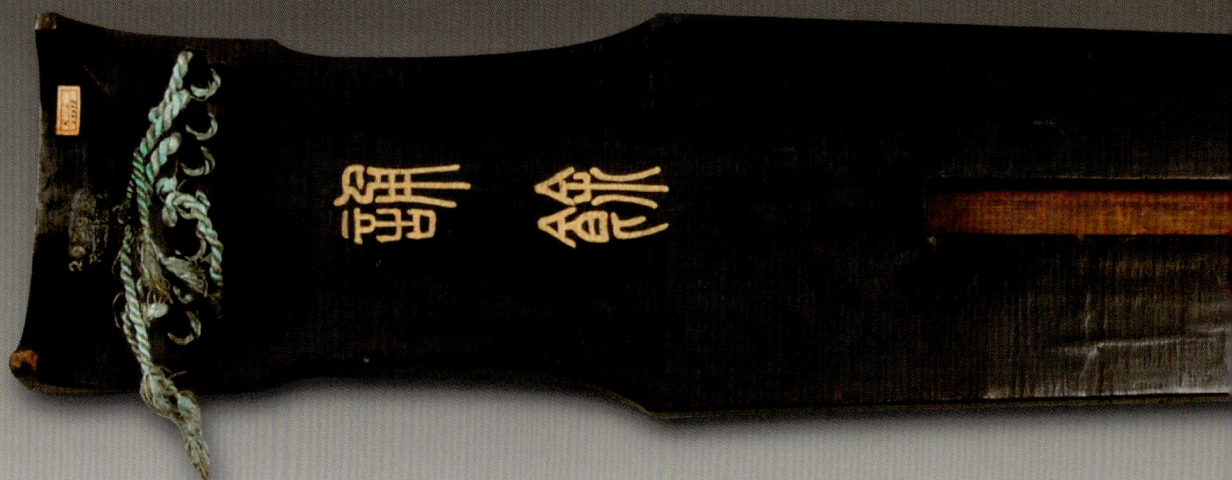

明 "太古希声" 七弦琴

身长 125、肩宽 20 厘米

战国蜻蜓眼琉璃珠

直径 2、高 1.5 厘米

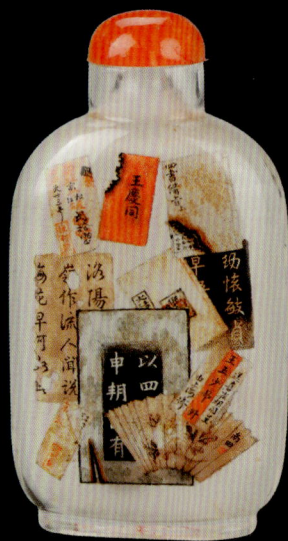

清马少宣内画鼻烟壶

宽 3.2、通高 6.4 厘米

清乾隆铜胎鼻烟壶

宽 4、通高 6.2 厘米

清乾隆白玉茄式鼻烟壶

宽 3、通高 7.5 厘米

清蜀织锦机

长 140、宽 510、高 500 厘米

元紫红地万年青织金蜀锦

纵 26、横 19.5 厘米

明卷草蝴蝶纹蜀锦

纵 30.3、横 36.7 厘米

明双狮雪花球路纹蜀锦

纵 30、横 15.5 厘米

明缂丝花鸟立幅

纵 101、横 59.8 厘米

清缂丝人物立幅

纵 94、横 40 厘米

籠庭水樹宜涼影

匜硯烟花帶露姿

清乾隆缂丝字联

纵 149、横 29.4 厘米

清顾绣松鹤立幅

纵 93.3、横 38.4 厘米

清红缎绣花枕片

直径 19.5 厘米

清红缎绣花帐檐

纵 210、横 50.8 厘米

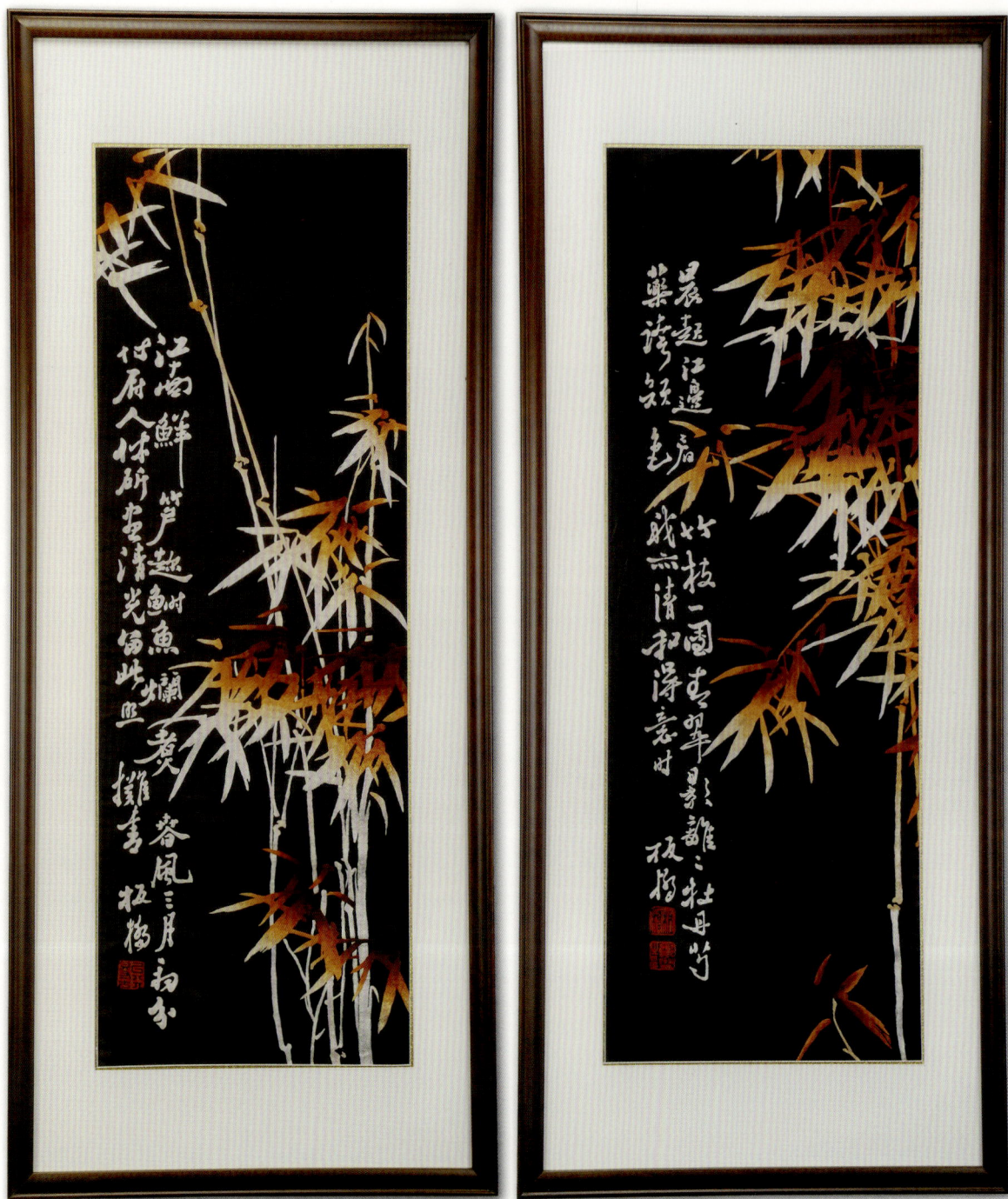

近代蜀绣竹屏

纵 97.5、横 35.5 厘米

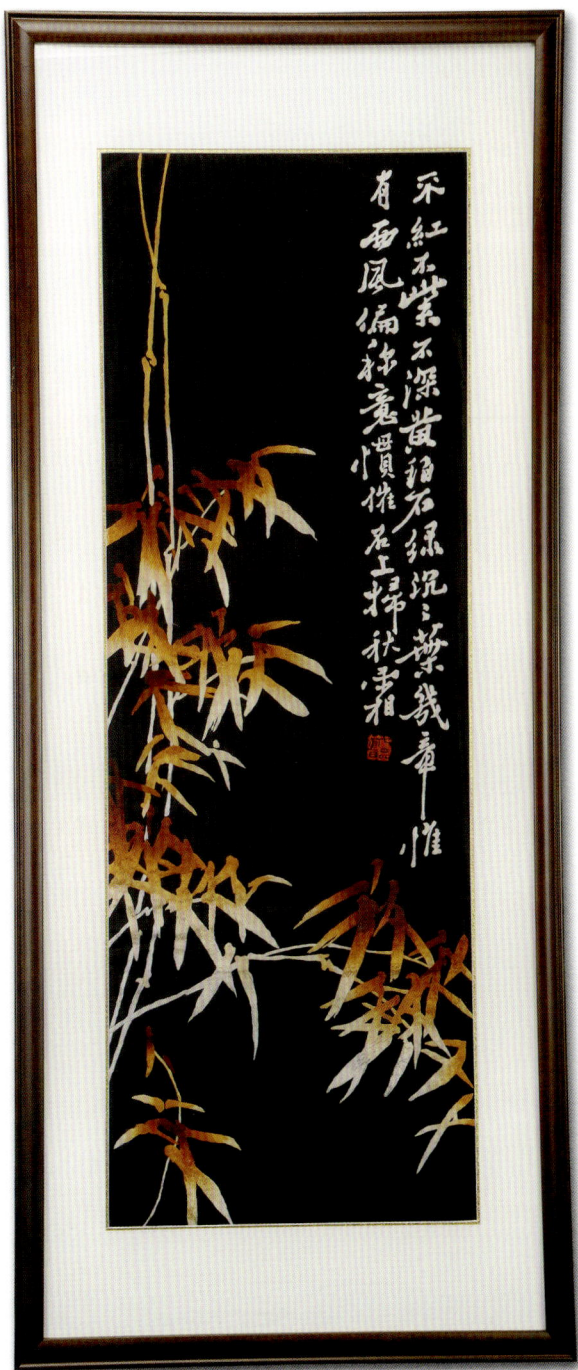
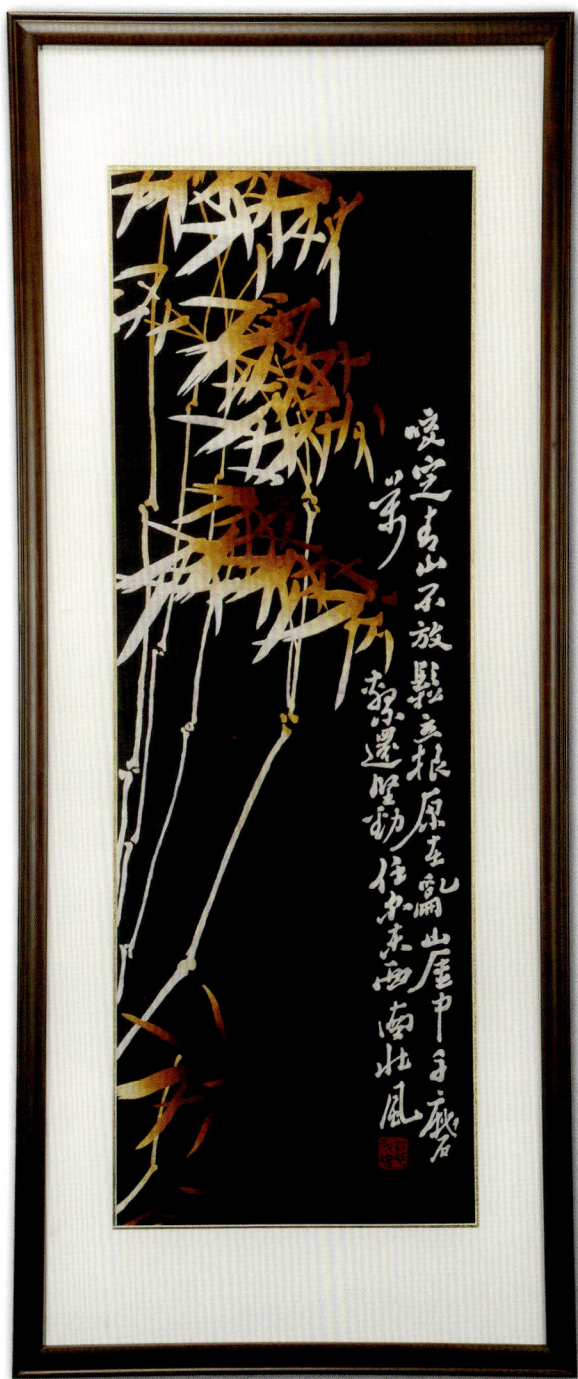

清黄地缂丝大吉葫芦香袋

长 7.5、宽 6 厘米

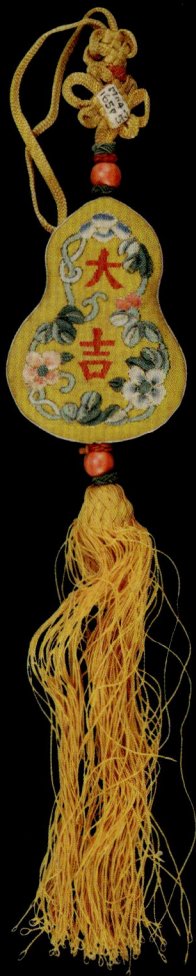

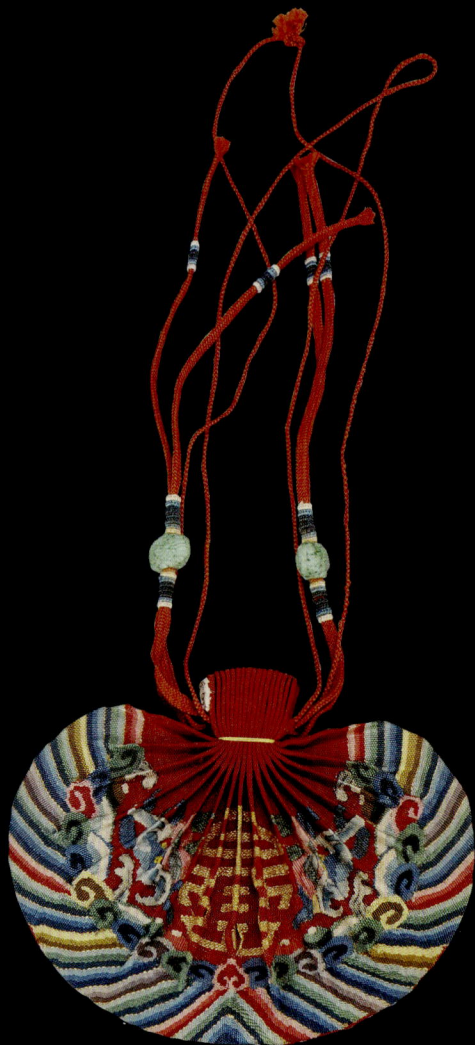

清大红缂丝蝠寿荷包

长 8.5、宽 10.9 厘米

清彩绣牡丹花香袋

长 4.5、宽 5.2 厘米

清杨贵妃皮影

高 55 厘米

清唐明皇皮影

高 55 厘米

清王丞相皮影

高 55 厘米

清王宝钏皮影

高 55 厘米

清祝英台皮影

高 55 厘米

清梁山伯皮影

高 55 厘米

战国西周圜钱

直径 2.5 厘米

南宋嘉定元宝铜钱

直径 3.3 厘米

南宋开禧通宝铜钱

直径 4 厘米

明嘉靖通宝铜钱

直径 7.2 厘米

清张献忠大西政权西王赏功铜钱

直径 4.8 厘米

四川博物院

第一次全国可移动文物普查成员选编

四川博物院收藏近现代类文物 30000 余件（套），数量大、种类多、地域特色明显，翔实地反映了四川近现代史上发生过的重大历史事件和存在过的重要历史人物。如四川保路运动方面的藏品和有关川陕革命根据地的藏品，更是具有极高的历史价值和研究价值。此次精选的 7 件藏品都是四川近现代历史进程中产生的极具代表性和历史价值的文物。

近现代文物

著錄

書愛國奮死郭君文煥遺書後

温江保路同志分會上 六月初九日

附件

詳誌何上司之愛國熱

1911年《四川保路同志会报告》第十二号

纵48、横73厘米

● 大清宣統三年六月十六日

四川保路同志會報告

第十二號

報告

代成 存郡 鐵路德公司

本報告本擬全送今欲
將各縣分送之除捐分貼
用友人說外每段即取
諸送文服有處在上圖
代存取用即可也

●本會之經費

一錢所內除備茶水飯食筆墨零
費及印刷郵電等等外亦絕不敢
妄費一文職事人等庶碌不才不
是稱會眾諸君之望至此區區小
廉固不值為諸君子一告

●感天地泣鬼神之小學生

有小學生多人既出組織童子保
路同志會假會所於事務所已見
昨報告矣幹事會昨議決婉勸其
舉出代表十五人至本會事務所
解散今十二日午后三時童子中
名如下

發起人 黃學淵 趙斌

贊成員 林生榮 萬乃傑 俞士傑 林朝川 張啟源 陳家驥 蔡永清 周練 張傳本 （略）

甘實詞 郭海全 史源源 郡士清 楊光祥

本會經費早經決議以本會所爭
者大區區末節未暇早日報知當
二十一日籌立本會時眾以宜動
以公司會計代辦質支實用不足
路公司會計代處支取本會計即
暫由路公司指借銀四萬兩即由
路公司會計決後經幹事會決議
或再行借撥有餘自當奉還日後
詳細統報由會眾大同核算此項
會費股東總會開時即行提出如
股東不贊成卽由同志會眾自行

●溫江協會之愛國熱

溫江協會已成有詳請政本會全體
為如左本會竊閱諸君子不穿

●圓紳燒點之愛國熱

保常蜀閏中郡署……（略）
圓進行諸縣……
官高小學堂開……
入即令嘗……戈……

1919 年《铁血斑斓志》

长 45、宽 34.5、厚 8.8 厘米

1929 年共产党人赠熊兰陔大律师的银盾

长 30、宽 35 厘米

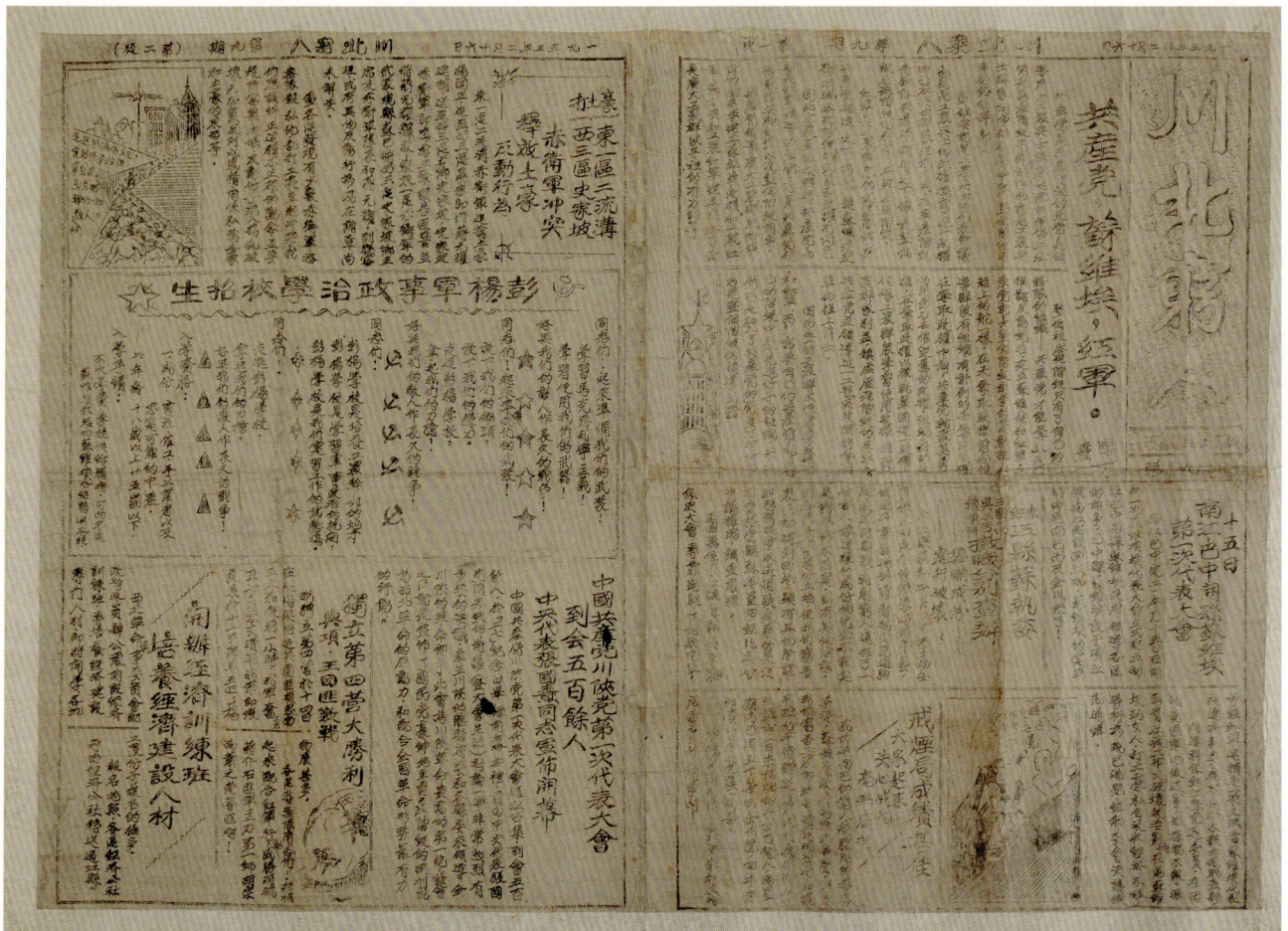

1933 年《川北穷人》第九期

纵 32.8、横 47.3 厘米

1933 年川陕省《苏维埃》机关报第十一期

纵 36.5、横 53 厘米

1935 年革命纸币石印版

长 46.5、宽 66、厚 5.5 厘米

1950 年铜 "西康省人民政府印"

长 6.8、宽 6.8、通高 11.5 厘米

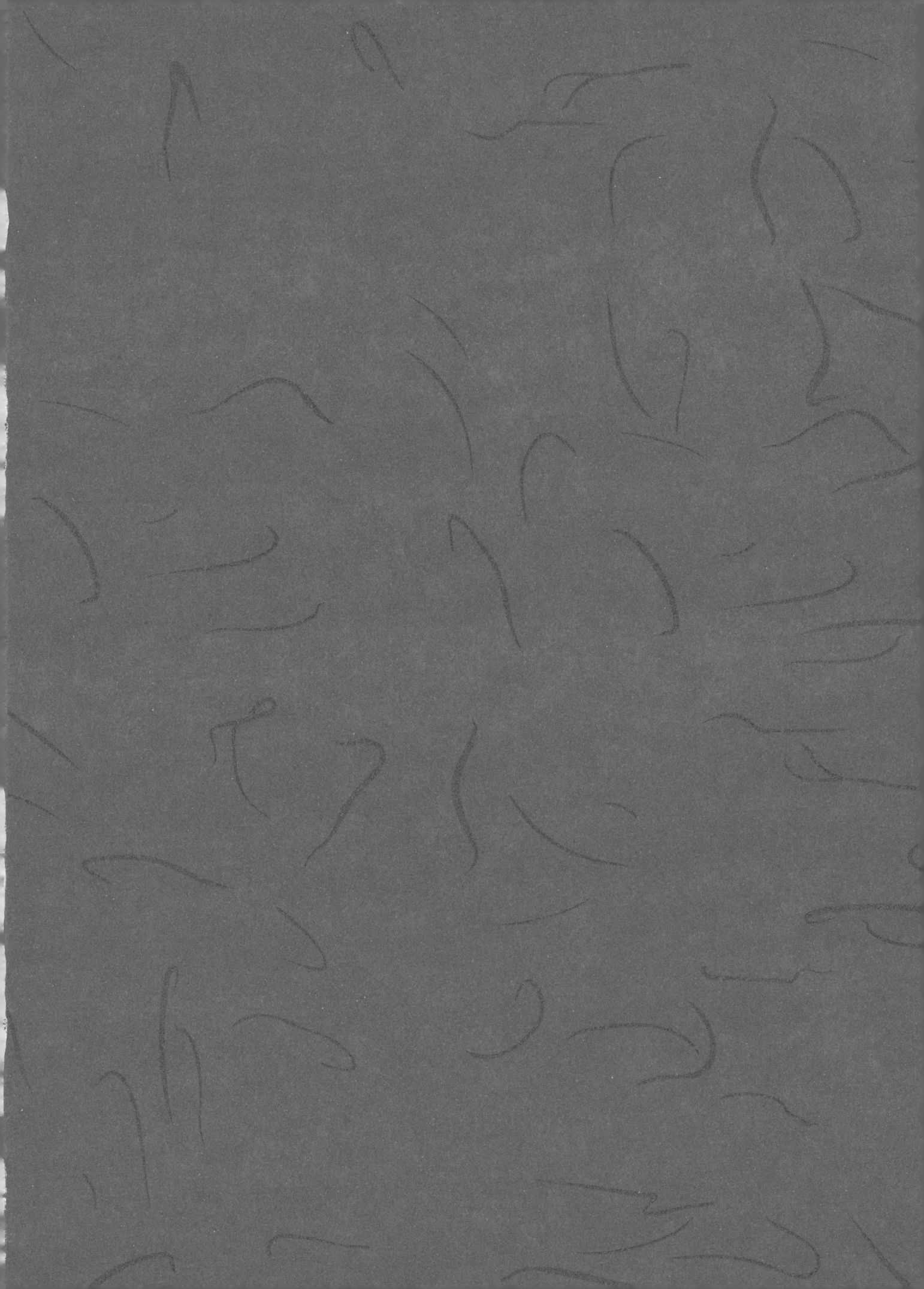